dtv

Die türkische Imbissküche aus Kebap und Co. ist heute ein weltweiter Exportschlager. Aber das Land wartet noch mit vielen anderen Spezialitäten auf, die teilweise auf eine jahrhundertelange Tradition zurückblicken und um die sich interessante Geschichten und Legenden ranken. In kurzen, informativen Kapiteln und einfacher Sprache erklärt Celal Özcan die typischen türkischen Ess- und Trinkgewohnheiten – und garniert das Ganze mit Anekdoten, Redewendungen, Gedichten und Rezepten. Ob Tee- oder Kaffeeliebhaber, Vegetarier oder Grillmeister, hier kommen alle Leserinnen und Leser voll auf ihre Kosten.

Celal Özcan, geboren und aufgewachsen in der Türkei, hat in Deutschland Zeitungswissenschaft und Politologie studiert und arbeitet als Journalist in Berlin.

Rita Seuß studierte Germanistik, italienische Philologie und Buchwissenschaft; sie arbeitet als freie Übersetzerin in Berlin.

Celal Özcan

Hep Kebap Olmaz
Es muss nicht immer Kebap sein

Eine kulinarische Reise durch die Türkei

Übersetzt von Rita Seuß

dtv

Ausführliche Informationen über unsere Autorinnen und Autoren und ihre Bücher finden Sie unter www.dtv.de

MIX
Papier aus verantwortungsvollen Quellen
FSC www.fsc.org FSC® C019821

Originalausgabe

Umschlaggestaltung: buxdesign | Ruth Botzenhard

Satz: Greiner & Reichel, Köln
Druck und Bindung: Druckerei C.H.Beck, Nördlingen
Printed in Germany · ISBN 978-3-423-09554-9

Inhalt

Geçmişten günümüze Türk yemek ve içecekleri

Türkler yemek yemeyi, misafir ağırlamayı çok severler. Sofrada bir değil, bol çeşit yemek isterler. Yüzlerce yıllık mutfak mirası ve yemeklerinin çeşitliliğiyle övünürler.

Türkiye 84 milyonu aşkın nüfusuyla 7 bölgeye, 81 il ve 973 ilçeye ayrılmıştır. 30 il büyükşehir belediyesi statüsündedir. Güneyde Akdeniz, batıda Ege ve Marmara Denizi, kuzeyde ise Karadeniz olmak üzere üç tarafı dört ayrı denizle çevrili bir yarımada gibidir. Bu farklı iklim bölgeleri, bitki örtüsü ve hayvanlar alemiyle yemeklere de yansır. Akdeniz mutfağı Ege'den, Marmara mutfağı Karadeniz'den ayrılır. Aynı zamanda ülkenin doğusuyla batısı ve güneydoğusu arasında büyük bölgesel farklılıklar gösterir. Akdeniz, Ege, Marmara ve Karadeniz mutfağı balık, zeytinyağlı sebze ve ot, İç, Doğu ve Güneydoğu Anadolu ise et, sebze ve tereyağı ağırlıklıdır.

Türkler, Orta Asya'dan Batı'ya bin yılı aşkın göçleri sırasında temas ettikleri Çin, Hindistan, Kafkas, Arap, Süryani, İran, Ermeni ve Bizans kültürlerinden etkilenmiştirler. Bu farklı yemek geleneklerini Anadolu'ya taşımış ve kendi damak tadına göre şekillendirmiştirler. Osmanlı Sarayı'nda geliştirilen bugünki Türk mutfağı Doğu'yla Akdeniz mutfağının iç içe geçtiği kozmopolit zengin bir yemek kültürünün ürünüdür.

Türkisches Essen und Trinken in Geschichte und Gegenwart

Die Türken lieben es, zu essen und Gäste zu bewirten. Sie wollen nicht nur einen, sondern mehrere Gänge auf dem Tisch haben und sind stolz auf das jahrhundertealte Erbe ihrer Küche und die Vielfalt ihrer Speisen.

Die Türkei mit ihren mehr als 84 Millionen Einwohnern ist in 7 Regionen, 81 Provinzen und 973 Landkreise unterteilt. 30 Provinzen haben den Status von Großstädten. Wie eine Halbinsel ist das Land auf drei Seiten von vier Meeren umgeben: dem Mittelmeer im Süden, der Ägäis und dem Marmarameer im Westen und dem Schwarzen Meer im Norden. Die unterschiedlichen Klimazonen mit ihrer jeweiligen Flora und Fauna spiegeln sich auch in der Speisekarte. Die Mittelmeerküche ist anders als die ägäische, die des Marmarameers anders als die der Schwarzmeerregion. Gleichzeitig gibt es auch zwischen dem Osten, dem Westen und dem Südosten des Landes große regionale Unterschiede. Am Mittelmeer, an der Ägäis, am Marmarameer und am Schwarzen Meer kocht man vorwiegend Fisch, Gemüse und Pflanzen mit Olivenöl, in Zentral-, Ost- und Südostanatolien vorwiegend Fleisch und Gemüse mit Butter.

Auf ihrer über tausendjährigen Wanderung von Zentralasien in Richtung Westen kamen die Türken mit der chinesischen, indischen, kaukasischen, arabischen, syrischen, persischen, armenischen und byzantinischen Kultur in Kontakt und wurden von diesen Kulturen beeinflusst. Die verschiedenen Kochtraditionen nahmen sie nach Anatolien mit und gestalteten sie nach ihrem eigenen Geschmack um. Die im Palast der osmanischen Sultane entwickelte heutige türkische Küche verknüpft östliche und mittelmeerische Traditionen und ist das Produkt einer reichen kosmopolitischen Esskultur.

Türk yemek ve içecek kültürü üzerine hazırlanan bu kitap okuyucuyu Türkiye içinde bir lezzet seyahatine çıkarıyor. Ama yüzlerce yıllık bir geleneğe sahip yemek ve içeceklerin tarihi gelişimini de anlatıyor.

Dieses Buch über die türkische Ess- und Trinkkultur nimmt den Leser mit auf eine kulinarische Reise durch die Türkei. Zugleich erzählt es die Geschichte und die jahrhundertealten Traditionen von Speisen und Getränken.

Aşık Veysel: Yurt ürünleri

Bu dünyanın meyvesini
Yesem amma yesem amma
Arasam bulsam hasını
Yesem amma yesem amma

Amasya'nın elmasını
Zile pekmez çalmasını
Sivas'ın da kıymasını
Yesem amma yesem amma

Gezsem Tokat'ın bağını
Emlek'in taze yağını
Erzurum'un kaymağını
Yesem amma yesem amma

Konya'nın güzel buğdası
Sivas'ta Çorum'da hası
Ayıntab'ın çiğ köftesi
Yesem amma yesem amma

Güzel olur Türkmen kızı
Yanakları kıpkırmızı
Diyarbakır'ın karpuzu
Yesem amma yesem amma

Mersin Dörtyol portakalı
Maraş'tan da pirinç gelir
Malatya'da dut zerdali
Yesem amma yesem amma

Aşık Veysel: Was die Heimat hervorbringt

Die Früchte dieser Erde
Essen würde ich essen
Fände ich das Einzigartige
Essen würde ich essen

Äpfel aus Amasya
Cremig gerührter Traubensirup aus Zile
Hackfleisch aus Sivas
Essen würde ich essen

Wandern durch die Weingärten von Tokat
Frische Butter aus Emlek
Dicker Rahm aus Erzurum
Essen würde ich essen

Schöner Weizen aus Konya
Das Einzigartige in Sivas und Çorum
Rohe Hackfleischbällchen aus Ayıntap [Gaziantep]
Essen würde ich essen

Hübsch sind die turkmenischen Mädchen
Mit ihren feuerroten Wangen
Die Wassermelonen aus Diyarbakır
Essen würde ich essen

Orangen aus Mersin und Dörtyol
Reis aus Maraş
Maulbeeren und Aprikosen aus Malatya
Essen würde ich essen

Ah İzmir'in kuş üzümü
Pek severim boğazımı
Kazova'nın yaş üzümü
Yesem amma yesem amma

Kastamonu'nun kendiri
Bursa'nın ipek mendili
Edirne'nin hoş peyniri
Yesem amma yesem amma

İstanbul Ankara ayar
Her ne dersen bunlarda var
Şarap pirzolayı sever
Yesem amma yesem amma

Samsun ve Bafra tütünü
Alsam Urfa'nın atını
Avlarda keklik etini
Yesem amma yesem amma

Adana'da biter pamuk
Geze geze hep usandık
Trabzon'da çoktur fındık
Yesem amma yesem amma

Uğradım Muş ile Van'a
Gümüş takım lüzum bana
Sade yağdan bir kaygana
Yesem amma yesem amma

Gahi uslu gahi deli
Çirkinleri neylemeli
Bulsam bir Gürcü güzeli
Sarsam amma sarsam amma

Ah, Korinthen aus Izmir
Ich verwöhne meinen Gaumen
Frische Trauben aus Kazova
Essen würde ich essen

Hanf aus Kastamonu
Seidentücher aus Bursa
Schafskäse aus Edirne
Essen würde ich essen

In Istanbul und Ankara
Gibt's, was man sich nur denken kann
Wein passt gut zu Lammkotelett
Essen würde ich essen

Tabak aus Samsun und Bafra
Wenn ich ein Pferd aus Urfa hätte
Und Rebhühner jagen könnte
Essen würde ich essen

In Adana wächst Baumwolle
Wir sind genug herumgereist
Trabzon ist reich an Haselnüssen
Essen würde ich essen

Ich war in Muş und ich war in Van
Mir fehlt ein silbernes Besteck
Omelett in Butterschmalz
Essen würde ich essen

Mal war ich vernünftig und mal verrückt
Was soll man mit den Hässlichen
Fände ich eine schöne Georgierin
Umarmen würde ich sie umarmen

Veysel niden sözü savı
Yedin içtin aldın tavı
Gönlümden hayal pilavı
Yedim amma yedim amma.

Veysel, lass die vielen Worte
Du hast gegessen, getrunken und dich gestärkt
Was ich mir erträumt habe
Das hab ich gegessen und gegessen.

Kuruyemiş keyfi

Münih metrosunda üç Türk kızı keyifli bir sohbet içinde. Biri çantasından bir paket çıkarıyor, açıp kuçağına koyuyor. Ay çekirdeği paketi bu. Kızlar peş peşe baş ve işaret parmaklarıyla paketin içinden bir ay çekirdeği alıyor, hafifçe dişleri arasında sıkıştırıp, çit çit çitliyorlar.

Kabuğu avuçları içinde saklıyor, yenisini almak için tekrar pakete dönüyorlar. Elleri sürekli ağızla paket arasında mekik dokuyor. Çok zarif ve şık hareketlerle. Dans eder gibi, sohbetlerini bölmeden.

Çekirdek çitlemek Türkler için bir tutku. Akşam televizyon başında, gündüz parkta, yolda, bankta otururken boş durmazlar. Yanlarında tuzlu ya da tuzsuz bir paket çekirdek bulundurmayı ihmal etmezler.

Çekirdek boş zamanlar için en iyi eğlencedir. Terapi gibi gelir. Sinirleri yatıştırır. Strese, depresyona karşı birebirdir. Bir başladı mı bırakmak zordur. Bağımlılık yapar.

Çekirdek çitlemenin bir tekniği vardır. Çekirdeğin ucu dişler arasına sıkıştırılarak açılır. Ardından çekirdeğin arka kısmına dişlerle bastırıp içi ağza sıyrılır. Kabuklar dışarı fırlatılır.

Türkiye'de özellikle deniz ve İstanbul Boğazı kenarındaki belediyelerin, en çok şikayeti de yere atılan çekirdek kabukları. Sahilde, Boğaz'da banklara oturup çekirdek çitleyenler geride çekirdek kabuklarından oluşan kirli bir halı

Knabber, knabber

In der Münchner U-Bahn unterhalten sich drei türkische Mädchen angeregt. Eine holt ein Päckchen aus ihrer Tasche, reißt es auf und legt es auf ihren Schoß. Es ist eine Packung Sonnenblumenkerne. Ein Mädchen nach dem anderen greift mit Daumen und Zeigefinger in die Packung, fischt sich einen Sonnenblumenkern heraus, klemmt ihn leicht zwischen die Zähne und knackt ihn auf.

Die Schale behält sie in der hohlen Hand, während sie nach einem neuen Kern greift. Die Hände der Mädchen wandern zwischen Mund und Packung unablässig hin und her. Mit leichten, eleganten Bewegungen. Wie bei einem Tanz und ohne das Gespräch zu unterbrechen.

Sonnenblumenkerne sind eine Leidenschaft der Türken. Ob abends vor dem Fernseher, tagsüber im Park, beim Spazierengehen oder auf einer Bank sitzend, sind sie ständig damit beschäftigt. Ohne eine Packung gesalzene oder ungesalzene Sonnenblumenkerne geht es nicht.

Sonnenblumenkerne knabbern ist das perfekte Freizeitvergnügen. Es wirkt wie eine Therapie. Es beruhigt die Nerven und hilft gegen Stress und Depression. Hat man einmal angefangen, kann man nicht mehr aufhören. Es macht süchtig.

Um Sonnenblumenkerne zu knacken, gibt es eine bestimmte Technik. Man steckt die Spitze des Kerns zwischen die Zähne und beißt vorsichtig zu, um sie zu öffnen. Dann drückt man mit den Zähnen auf den hinteren Teil des Kerns und zieht das Innere in den Mund. Die Schalen wirft man weg.

Für die türkischen Stadtverwaltungen sind die achtlos weggeworfenen Schalen eine Plage, besonders am Meer und entlang des Bosporus in Istanbul. Die Leute, die am Meeresufer oder am Bosporus auf einer Bank sitzen und Sonnenblumenkerne knabbern, hinterlassen einen schmutzigen Teppich aus Schalen.

bırakıyorlar. Yere yapışan çekirdek kabuklarını temizlemek ise çok zor oluyor.

Belediyeler soruna bir çözüm bulmak için farklı yöntemler deniyorlar. Samsun belediyesi sağduyuyla çözmek istedi ve kent sakinlerine hitaben bir basın açıklaması yaptı: «Sahil temizliğinde her gün ikiyüz kilo çekirdek kabuğu temizliyoruz. Vatandaşlarımızdan çevre konusunda hassasiyet bekliyoruz.»

İstanbul Üsküdar belediyesi çareyi Boğaz'da çekirdek çitlemeyi yasaklamakta buldu. Bu kararı Boğaz hattındaki diğer belediyeler de örnek aldı, ancak tepkiye yol açtı. Önemli köşe yazarları yasağı topa tuttu: «bari keyifle yaşamayı yasaklayın olsun bitsin» diye kararı sert eleştirdi.

Ama kuruyemiş deyince sadece çekirdek anlaşılmasın. Türkiye bir kuruyemiş cenneti: Antep fıstığı, fındık, çam fıstığı, yer fıstığı, leblebi, badem, ceviz, kabak çekirdeği … Kuru meyve çeşitleri: hurma, kuru üzüm, kuru incir, kuru dut, kuru kaysı, kuru kiraz, iğde …

Türkiye'de ve Almanya'nın büyük kentlerinde bugün kuruyemiş dükkanları modası patladı. Türkiye kuruyemiş tüketiminde Çin'den sonra ikinci sırada. Kişi başına yıllık kuruyemiş tüketimi 10.8 kilo. En çok tüketilen kuruyemiş ay çekirdeği. Sadece siyah ay çekirdeği tüketimi yılda 120 bin ton.

Türkiye önemli bir kuruyemiş üreticisi de. Dünya fındık pazarının yüzde 70'ine sahip. Sadece yıllık fındık üretimi 500 bin ton civarında. Dünyanın en ünlü çikolata markaları Türk fındığı kullanıyor. Türkiye'de fındık deyince

Und die am Boden haftenden Schalen lassen sich nur schwer beseitigen.

Um dieses Problem zu lösen, gehen die Stadtverwaltungen unterschiedliche Wege. Das Rathaus von Samsun setzte auf die Vernunft und wandte sich mit einer Presseerklärung an die Bevölkerung: «Um das Ufer sauber zu halten, beseitigen wir täglich zweihundert Kilo Sonnenblumenschalen. Wir erwarten von unseren Landsleuten Sensibilität für die Umwelt.»

Die Verwaltung des Istanbuler Stadtteils Üsküdar suchte die Lösung in dem Verbot, entlang des Bosporus Sonnenblumenkerne zu knacken. Diesem Beispiel folgten andere Stadtteilverwaltungen am Bosporus, aber das Verbot stieß auf Widerstand. Prominente Kolumnenschreiber nahmen es unter Beschuss: «Sie sollen doch gleich den Spaß am Leben verbieten, dann ist Ruhe», wetterten sie.

Aber Kuruyemiş umfasst mehr als nur Sonnenblumenkerne. Die Türkei ist ein Paradies für Knabberzeug: Pistazien, Haselnüsse, Pinienkerne, Erdnüsse, geröstete Kichererbsen, Mandeln, Walnüsse und Kürbiskerne ... dazu Trockenfrüchte: Datteln, Rosinen, getrocknete Feigen, Maulbeeren, Aprikosen und Kirschen, Silberbeeren ...

In der Türkei, aber auch in deutschen Großstädten sind Nussröstereien heute en vogue. Bei Nüssen und Trockenfrüchten steht die Türkei nach China auf Platz zwei. Der Pro-Kopf-Verbrauch beträgt jährlich 10,8 Kilo. Am meisten geknabbert werden Sonnenblumenkerne. Allein der Konsum von schwarzen Sonnenblumenkernen beträgt pro Jahr 120 000 Tonnen.

Die Türkei ist aber auch ein wichtiger Nussproduzent. 70 Prozent der Haselnüsse auf dem Weltmarkt kommen aus der Türkei. Allein die Haselnussproduktion beträgt jährlich rund 500 000 Tonnen. Die weltweit bekanntesten Schokoladenhersteller verwenden türkische Haselnüsse.

Giresun, fıstık deyince Gaziantep, leblebi deyince Çorum, kabak çekirdeği deyince Trakya bölgesi ve Nevşehir geliyor.

Bei Haselnüssen denkt man in der Türkei an Giresun, bei Pistazien an Gaziantep, bei gerösteten Kichererbsen an Çorum, bei Kürbiskernen an die Region Thrakien und an Nevşehir.

Taze gevrek simit

Gün ağarmadan simitçiler yollardadır. Bir ellerinde sehpa, kafalarında simit tablası, üzerinde nar gibi kızarmış, bol susamlı simitler. Şu mahalle senin bu mahalle benim, sokak sokak dolaşırlar.

İstanbul'da daha ilk vapur kalkmadan, ilk otobüs hareket etmeden, yolcular vapura, otobüse, tramvaya akın etmeden önce onlar açmışlardır tezgahlarını. Hepsinin ağzında bir türkü tutturmuş gibi aynı sözler: «Simiiit, taze gevrek simit.» Satmak istedikleri simit gibi dalgalı gevrek bir sesle.

Vapura, otobüse yetişmek için koşarken, taze simit kokusu durdurur yolcuları. Vapuru kaçırma pahasına da olsa aceleyle bir simit almadan geçemez insan. Yanında bir de buharı tüten, taze kokulu kıpkırmızı bir çay olursa, gün iyi başlamıştır.

Simitle çay, kahvaltı ve gün arası bir atıştırmalıktır. Ama bugün simit büyük simit evleri ve simit saraylarında kahvaltıların baş köşesine oturmuştur. Fırından yeni çıkmış sıcak çıtır simit, yanında peynir, reçel ve çay Türkiye'de çok sevilen kahvaltı çeşitleri arasındadır.

Batılı ressamların 19'uncu yüzyılda yağlı boya tablolarında resmettiği simitçiler ise bugün simit evleri ve saraylarına karşı ayakta kalmaya çalışmaktadır. Simit evleri Almanya'da da sadece Türklerin değil, Almanların da rağbet ettiği kahvaltı mekanlarıdır.

Frische knusprige Sesamkringel

Noch ehe der Tag anbricht, sind die Simit-Verkäufer unterwegs. In einer Hand das Gestell, auf dem Kopf das Simit-Tablett, darauf Gebäckkringel, rotbraun gebacken und mit viel Sesam bestreut. Sie ziehen von Straße zu Straße, der eine durch dieses, ein anderer durch jenes Viertel.

Lange bevor in Istanbul die erste Fähre und der erste Bus losfahren, lange bevor die Passagiere die Fähre, den Bus oder die Trambahn stürmen, haben die Simit-Verkäufer ihre Stände aufgebaut. Als würden sie ein Lied singen, haben sie alle den gleichen Ruf auf den Lippen: «Simiiit, frische knusprige Simit.» Mit einer Stimme so in sich gewunden und knackig frisch wie die Sesamkringel, die sie verkaufen wollen.

Mitten im Gerenne, um die Fähre oder den Bus zu erreichen, lässt der Duft der frischen Simit die Reisenden innehalten. Auch auf die Gefahr hin, dass sie die Fähre verpassen, müssen sie schnell noch einen Sesamkringel kaufen. Dazu einen dampfend heißen, frischen, duftenden feuerroten Tee, und der Tag hat gut angefangen.

Ein Simit mit Tee zum Frühstück oder auch zwischendurch ist ein beliebter Snack. Heute jedoch spielt der Sesamkringel beim Frühstück in den großen Simit-Bäckereien und Simit-Cafés die Hauptrolle. Warme knusprige Sesamkringel frisch aus dem Ofen, dazu Käse, Marmelade und Tee ist in der Türkei eine beliebte Frühstücksvariante.

Simit-Verkäufer, im 19. Jahrhundert von europäischen Malern in Öl gemalt, haben es mittlerweile schwer, sich gegen Simit-Bäckereien und -Cafés zu behaupten. Simit-Bäckereien sind auch in Deutschland nicht nur von Türken, sondern auch von Deutschen gern besuchte Frühstückslokale.

Simit, un, maya, pekmez ve susamdan oluşur. Halka şeklindeki hamur simitler önce üzüm pekmezine batırılır, ardından susama bulanıp fırına verilir. Pekmezleme şehirden şehire değişir. Hamur halkalar İstanbul'da soğuk pekmeze yatırılır. Bursa, Ankara, İzmir ve başka birçok kentte kaynar pekmezli su içinde bir süre bekletilir. Ardından bolca susama bulandıktan sonra taş fırına sürülür ve 20 dakika pişirilir.

Simitin tarihi Türkiye'de 600 yıl öncesine kadar uzanır. Başlangıcı Osmanlı Sarayıdır. Saraydaki un depolarına simithane, fırına ise simit fırını denir. Osmanlı arşiv kayıtlarına göre İstanbul'da 1525 yılından beri simit tüketilir. Kayıtlarda o zamanki adı simid-i halka olarak geçer. 1593 yılı Üsküdar mahkemesi kayıtlarında has undan yapılan halka şeklindeki ekmek türüne simid-i halka dendiği yazar.

1691 tarihli mutfak defterine göre saraya her gün 30 adet halka-i simit alınır. Osmanlı padişahları Ramazan'da nöbet tutan askerlere simit ikram eder. Osmanlı gezi yazarı Evliya Çelebi Seyahatnamesi'nde 1630'lu yıllarda İstanbul'da 70 fırında günde 5 kez simit üretildiğini, 300 simitçinin çalıştığını yazar.

Simit, Arapça has beyaz un anlamına gelen samed kelimesinden türemiştir. Simid-i halka 17'inci yüzyılın ikinci yarısında yerini simit kelimesine bırakır. 1910 yılında simitçiler kendi derneklerini kurarlar. İkinci Dünya Savaşı sırasında un kıtlığı nedeniyle simit üretimi bir süre yasaklanır.

Bugün İzmit simiti çok ünlüdür. İzmir'de ise simitin adı gevrektir. İstanbul'da simit yemek

Sesamkringel bestehen aus Mehl, Hefe, Traubensirup und Sesam. Das ringförmige Hefeteiggebäck wird zuerst in eingekochten Traubensaft, Pekmez, getaucht und in Sesam gewälzt, bevor es in den Ofen kommt. Die *pekmezleme* genannte Prozedur ist von Ort zu Ort unterschiedlich. In Istanbul werden die Teigringe in kalten Traubensirup gelegt. In Bursa, Ankara, Izmir und vielen anderen Städten bleiben sie eine Weile in kochendem, mit Traubensirup versetztem Wasser liegen. Nachdem man sie in reichlich Sesam gewälzt hat, werden sie in den Steinofen geschoben und 20 Minuten gebacken.

Die Geschichte des Sesamkringels in der Türkei reicht 600 Jahre zurück. Ihre Anfänge liegen am osmanischen Hof. Im Serail wurden das Mehldepot Simit-Haus und der Backofen Simit-Ofen genannt. Archivunterlagen aus osmanischer Zeit dokumentieren, dass in Istanbul seit 1525 Simit konsumiert werden. In den Aufzeichnungen hießen sie *simid-i halka,* Gebäckringe. 1593 tauchte in Gerichtsdokumenten von Üsküdar ein ringförmiges Brot aus feinstem Mehl auf, das gleichfalls *simid-i halka* genannt wurde.

Laut einem Haushaltsbuch von 1691 kaufte der Hof täglich 30 *halka-i simit.* Während des Ramadan bekamen die wachhabenden Soldaten vom Sultan Simit spendiert. Der osmanische Reiseschriftsteller Evliya Çelebi schreibt in seinem *Seyahatname* aus den 1630er Jahren, dass in Istanbul 300 Simit-Bäcker in 70 Backöfen fünfmal am Tag Simit backten.

Simit ist vom arabischen *samed,* feines weißes Mehl, abgeleitet. Von *simid-i halka* wurde im 17. Jahrhundert die zweite Hälfte weggelassen, sodass nur noch *simit* übrig blieb. Im Jahr 1910 gründeten die Simit-Verkäufer eigene Vereine. Während des Zweiten Weltkriegs war es wegen der Mehlknappheit eine Zeit lang verboten, Simit zu backen.

Heute sind Sesamkringel aus Izmit berühmt. In Izmir wiederum heißen Simit *gevrek,* «Knuspergebäck». In Istanbul

için gidilen tarihi simit fırınları vardır: Maltepe Yalı Mahallesi'nde tarihi Beşçeşmeler simit fırını. Karaköy-Galata Simit Fırını. Galatasaray-Tophane arasında Tarihi Boğazkesen Simit Fırını. Kadıköy'de Yeldeğirmeni Simit Fırını. Kireçburnu Fırını. Tarihi Harbiye Fırını bu adreslerden belli başlılarıdır.

gibt es eine Reihe traditioneller Simit-Bäckereien, die man aufsucht, um Sesamkringel zu essen. Die bekanntesten Adressen sind die historische Simit-Bäckerei Beşçeşmeler in der Yalı Mahallesi in Maltepe; die Karaköy-Galata Simit-Bäckerei; die Historische Simit-Bäckerei Boğazkesen zwischen Galatasaray und Tophane; die Simit-Bäckerei Yeldeğirmeni («Windmühle») in Kadıköy; die Kireçburnu-Bäckerei in Kireçburnu sowie die Historische Harbiye-Bäckerei in Harbiye.

Çay hazır

Türkler kahvaltıda, yemekten önce ve sonra, günün her saati çay içerler. Akşam 5 çayı bir buluşma bahanesidir. Resmi dairelerde, iş yeri bürolarında çay ikramı adettendir. Her iş hanında mutlaka bir çayhane ve çaycı vardır. Çay Türkleri birleştiren tek ortak noktadır. Laiki, dindarı, genci, yaşlısı, fakiri, zengini, sağcısı, solcusu hepsi çay içer.

Şimdi bir çaydanlığa soğuk suyu doldurup ocağa koyun. Porselen demliğe 1.5 yemek kaşığı çay atın ve demliği çaydanlığın üzerine yerleştirin.

Su tıkır tıkır kaynadıktan sonra sıcak suyu demlikteki çayın üzerine ilave edin. Demliği tam ağzına kadar doldurmayın ve tekrar çaydanlığın üzerine koyun. Çayınız aromalı olsun istiyorsanız, içine iki çay kaşığı tomurcuk çayı veya bir kaç tane karanfil atın. Bir adet çubuk tarçın veya kakule de çayınıza ayrı bir lezzet katacaktır. Çayı 10 dakika demlenmeye bırakın, çayın dibe çökmesini bekleyin.

İnce belli, laleyi andıran cam bardakları hazırlayın. Bardağın üçte biri kadar çay doldurun ve üzerine çaydanlıktan sıcak su ekleyin. Odayı mis gibi bir çay kokusu saracaktır. Hele mevsim kışsa, çayın sıcaklığı buharla birlikte cama vuracaktır.

Türkler dünyada en çok çay içen milletler arasında ilk sıradadır. Günde ortalama altı bardak çay içerler. Yılda kişi başına 3.5 kilo, toplam 250 bin ton çay tüketirler. Çayı cam bardaktan içmeyi tercih ederler. Çayın rengini görmek ve

Der Tee ist fertig

Die Türken trinken ständig Tee: zum Frühstück, vor und nach dem Essen, zu jeder Tageszeit. Der Fünf-Uhr-Nachmittag-Tee ist ein Anlass, um sich zu treffen. In den Behörden und in den Büros kleiner und großer Unternehmen wird traditionell Tee angeboten. Jedes Bürogebäude verfügt über eine Teeküche und einen Teekoch. Tee ist das Einzige, was die Türken miteinander verbindet. Säkulare und Religiöse, Junge und Alte, Arme und Reiche, Rechte und Linke, alle trinken Tee.

Nun denn: Man füllt die untere, größere Kanne eines Teekochers mit kaltem Wasser und stellt sie auf den Herd. In ein zweites, kleineres Porzellankännchen gibt man eineinhalb Esslöffel Tee und stellt es auf die große Kanne.

Wenn das Wasser sprudelnd gekocht hat, gießt man es in das obere Kännchen, aber nicht randvoll, und stellt es wieder auf die untere Kanne. Für einen aromatisierten Tee gibt man zwei Teelöffel Teeknospen oder ein paar Gewürznelken dazu. Eine Zimtstange oder etwas Kardamom verleiht dem Tee einen besonderen Geschmack. Man lässt ihn 10 Minuten ziehen und wartet, bis die Teeblätter auf den Boden gesunken sind.

Man stellt tulpenförmige Teegläser «mit schmaler Taille» bereit, füllt sie zu einem Drittel mit Tee aus dem oberen Kännchen und gießt sie mit heißem Wasser aus der unteren Kanne voll. Ein herrlicher Duft nach Tee verbreitet sich im ganzen Zimmer. Und wenn es Winter ist, legt sich mit dem Dampf auch die Wärme des Tees auf die Fensterscheibe.

Unter den Nationen, die am meisten Tee trinken, zählen die Türken mit durchschnittlich sechs Gläsern pro Tag zu den Spitzenreitern. Ihr jährlicher Pro-Kopf-Verbrauch beträgt 3,5 Kilo oder insgesamt 250 000 Tonnen Tee. Am liebsten trinken sie aus einem Glas, um die Farbe des Tees zu sehen

sıcaklığını hissetmek isterler, rengi kıpkırmızı ise «tavşan kanı gibi», çok açıksa, «bulaşık suyu gibi» diye tarif ederler.

Türkiye çay üretiminde de dünyada Çin, Hindistan, Kenya, Sri Lanka'dan sonra beşinci sırada yer almaktadır. Yılda 1.45 milyon ton yaş, 250 bin ton kuru çay elde edilmektedir.

Karadeniz Bölgesi'ndeki Rize, Trabzon, Artvin, Giresun, Ordu olmak üzere beş ilde, toplam 850 bin dekar alanda çay üretiliyor. Çay Karadeniz şeridi ve 30 kilometre içerilere kadar giren bin metre yükseklikteki yamaçlarda yetiştiriliyor. Bir milyon yaş çay üretici aile var. Doğu Karadeniz'in sıcak, bol yağmurlu yazı ve yumuşak, buzsuz kışı çay üretimi için en uygun iklime sahip.

Türklerin çayla tanışması Cumhuriyet'in kurulmasından sonra başlıyor. İlk kez 1892'de Sultan II. Abdülhamid döneminde çay üretimi denendi. Ticaret Nazırı İsmail Paşa, Çin'den çay fidanları getirtti ve onları Bursa'da diktirdi. Ancak iklimin kuru olması nedeniyle burada çay yetişmedi.

Osmanlı'nın dağılması, Yemen gibi kahve üreticisi ülkelerin İmparatorluktan ayrılmasıyla kahve pahalı bir ithalat ürünü oldu. Yeni kurulan Türkiye Cumhuriyeti 1924'te çay yetiştirme yasası çıkardı. 1930'larda Gürcistan'dan 70 ton siyah çay tohumu alınarak, Rize'de ekildi. Türklerin kahve tiryakiliği yerini çay tiryakiliğine bıraktı.

und seine Wärme zu spüren. Ist der Tee leuchtend rot, sagt man: «wie Hasenblut», ist er sehr dünn, sagt man: «wie Spülwasser».

Nach China, Indien, Kenia und Sri Lanka steht die Türkei auf Platz fünf der teeproduzierenden Länder. Pro Jahr werden 1,45 Millionen Tonnen frischer und 250 000 Tonnen getrockneter Tee produziert.

In den fünf Schwarzmeerprovinzen Rize, Trabzon, Artvin, Giresun und Ordu wird auf einer insgesamt 85 000 Hektar großen Fläche Tee angebaut. Sie zieht sich die gesamte Schwarzmeerküste entlang bis zu 30 Kilometer weit ins Landesinnere hinein und an den Berghängen bis in tausend Meter Höhe. Eine Million Familien sind im Teeanbau tätig. Die warmen, regenreichen Sommer und die milden, frostfreien Winter der östlichen Schwarzmeerregion bieten das optimale Klima für Teepflanzen.

Die Türken lernten den Tee erst nach Gründung der Türkischen Republik kennen. Im Jahr 1892, während der Regierungszeit Sultan Abdülhamids II., versuchte man erstmals, Tee anzubauen. Handelsminister Ismail Pascha ließ Setzlinge aus China importieren und in Bursa pflanzen. Doch das Klima war zu trocken, und der Versuch misslang.

Mit dem Zusammenbruch des Osmanischen Reichs und dem Verlust der Kaffeeanbaugebiete in Ländern wie dem Jemen, die jetzt ihre Unabhängigkeit erklärten, wurde Kaffee zu einem teuren Importprodukt. 1924 erließ die neu gegründete Türkische Republik ein Gesetz zur Förderung des Teeanbaus. In den 1930er Jahren kaufte man in Georgien 70 Tonnen Schwarzteesamen, den man in Rize aussäte. Aus den Türken, die einst leidenschaftliche Kaffeetrinker waren, wurden jetzt Teeliebhaber.

Kavunun Van–Roma yolculuğu

Kavun, lezzeti ve hoş kokusuyla rakı sofralarının vazgeçilmez mezesidir. Türkler beyaz peynirle kavuna doymaz. «Gelirken ne getireyim» diye soran bir misafire, «dolapta rakı var, kavun getir» siparişi verilir. Rakı, beyaz peynir ve kavun birbirini tamamlayan bir üçlemedir. Kavun mis gibi tadıyla rakının keskinliğini alır, beyaz peynirin kekremsi tadını bastırır.

Kavun eski Roma'da çok az bilinen tatsız bir meyvedir. Tatlı ve kokulu Kantalup kavunu 15'inci yüzyılda Doğu Anadolu bölgesindeki Van'dan Roma'ya gitmiştir. Van'da yaşayan Ermeniler tohumunu Papa'ya hediye olarak göndermiştir. Diğer bir rivayete göre ise 1700 yılında misyonerler tarafından Roma'ya götürülüp, Roma'nın kuzeyindeki Cantalupo in Sabina çiftliğinde yetiştirilmiştir. Kantalup kavunu adıyla buradan dünyaya yayılmıştır.

Batı ve İç Anadolu'da yetişen Kırkağaç ve Hasanbey kavunu gibi çeşitler Kasaba melon adıyla Avrupa'da tanınmıştır. Kasaba, Manisa'nın bir ilçesi olan Turgutlu'nun eski adıdır. Kavun Anadolu'ya Orta Asya ya da Afrika'dan gelmiştir.

Van, diğer adıyla Kantalup kavununun kabuğu ağsı, sarı ve krem renklidir, içi turuncu sarı ve bol suludur. Bugün dünyada en çok tüketilen kavun çeşididir. Van'da hasat zamanı ağustos ayı başıdır.

Ağustos genel olarak Türkiye'de kavun mevsimidir. Ağustos ve Eylül aylarında

Die Reise der Honigmelone von Van–Rom

Mit ihrem Geschmack und ihrem angenehmen Duft ist die Honigmelone ein unverzichtbarer Meze-Teller der Rakı-Tafel. In Kombination mit frischem Schafskäse können die Türken gar nicht genug davon bekommen. Fragt ein Gast: «Was soll ich mitbringen?», erhält er den Auftrag: «Im Kühlschrank ist Rakı, bring eine Honigmelone mit.» Rakı, frischer Schafskäse und Honigmelone bilden eine perfekte Dreiheit. Die Honigmelone mit ihrem wunderbaren Geschmack nimmt dem Rakı seine Schärfe und mildert das Säuerliche des Schafskäses.

Im alten Rom war die Honigmelone eine kaum bekannte und fade schmeckende Frucht, doch im 15. Jahrhundert gelangte die süße und duftende Cantaloup-Melone aus der ostanatolischen Region Van nach Rom. In Van lebende Armenier sollen die Samen der Frucht dem Papst als Geschenk übersandt haben. Einer anderen Version zufolge wurde sie im Jahr 1700 von Missionaren nach Rom gebracht und auf dem Landgut Cantalupo in Sabina nördlich von Rom angebaut. Von dort verbreitete sie sich unter dem Namen Cantaloup-Melone in der ganzen Welt.

Die in West- und Zentralanatolien angebauten Sorten Kırkağaç und Hasanbey sind in Europa als Kasaba-Melonen bekannt geworden. Kasaba ist der alte Name von Turgutlu, einer zur Provinz Manisa gehörenden Kreisstadt. Die Honigmelone gelangte aus Zentralasien oder aus Afrika nach Anatolien.

Die Schale der Van- oder Cantaloup-Melone hat eine netzartige Struktur und ist von gelber oder beiger Farbe, das Fruchtfleisch orangegelb und saftig. Heute ist sie die weltweit meistkonsumierte Melonensorte. In Van beginnt die Erntezeit Anfang August.

Überhaupt ist August in der Türkei die Saison für Honigmelonen. Im August und im September werden in der

Hatay'ın Kırıkhan ilçesi, İzmir'in Nohutalan ve Bandırma'nın Yeşil Çomlu köylerinde kavun festivalleri düzenlenir.

Türkiye'de en çok yetiştirilen çeşit ise Hasanbey kavunudur. Kışa dayanıklı olan Hasanbey kavunu yuvarlak, orta büyüklükte ve yeşil kabukludur, meyvesi beyaz ya da kavuniçidir. Tatlı ve suludur.

Dünya pazarlarında daha çok Kırkağaç kavunu tanınır. Kırkağaç kavunu Ege'de Bakırçay nehrinin iki yakasında yetişir. Adını Manisa'nın Kırkağaç yöresinden almıştır. Altınbaş kavunu olarak da bilinir. Kabuğu sarı ve yeşil beneklidir, yuvarlak veya oval türleri vardır, meyvesi beyazdır. Kırkağaç kavunu mayıs ayında ekilir. Toplanmasına ağustos ayı ortasında başlanır ve eylül ayı sonuna kadar sürer.

Kırkağaç kavunu toplanır toplanmaz güneş görmesin diye yorganlara sarılarak depolara taşınır. Çok az kısmı hemen pazara sürülür. Yüzde 70'i kış tüketimi için ayrılır. Köklerinden iple bağlanıp, tahta direklere asılır. Toprakla bağlantısı kesilir. Çiftçiler kavunu hoş kokusu için evlerinin tavanına asarlar. Kavun yenmeden önce buzdolabında değil, serin yerde muhafaza edilir.

Trakya ve İstanbul bölgesinde yetişen Topatan kavunu ince, sarı kabukludur. Dayanıksızdır, hemen tüketilmesi gerekir. Topatan ve Ankara civarında yetişen Yuva kavunu en çok iç pazarda tüketilir.

İyi, olgun bir kavunu seçerken, başparmakla dibine basılır. Dibi hafif yumuşaksa, kavun olgun demektir. Fazla yumuşaksa, içi geçmiş ve ekşimiştir. Kavun seçerken ama aynı zamanda

Kreisstadt Kırıkhan, Provinz Hatay, sowie in den Dörfern Nohutalan, Provinz Izmir, und Yeşil Çomlu, Provinz Bandırma, Honigmelonen-Festivals gefeiert.

Die in der Türkei meistangebaute Sorte ist die Hasanbey-Melone. Sie ist bis in den Winter hinein lagerfähig, rund und mittelgroß und hat eine grüne Schale. Ihr Fruchtfleisch ist weiß oder rötlich gelb. Sie ist süß und saftig.

Auf dem Weltmarkt bekannter ist die Kırkağaç-Melone. Sie wird an beiden Ufern des Flusses Bakırçay in der Ägäisregion angebaut. Ihren Namen verdankt sie dem Anbaugebiet Kırkağaç in der Provinz Manisa, sie ist aber auch unter dem Namen Altınbaş-Melone bekannt. Ihre Schale ist gelb mit grünen Flecken, ihre Form rund oder oval, ihr Fluchtfleisch weiß. Die Kırkağaç-Melone wird im Mai ausgesät. Die Ernte beginnt Mitte August und dauert bis Ende September.

Damit die Kırkağaç-Melone keine Sonne abbekommt, wickelt man sie gleich nach der Ernte in Decken und bringt sie in Lagerhallen. Nur ein sehr kleiner Teil kommt sofort in den Handel. 70 Prozent sind für den Verzehr im Winter bestimmt. Die Stiele werden mit Seilen verbunden und an senkrechten Holzbalken aufgehängt, damit die Früchte den Boden nicht berühren. Die Bauern hängen sie wegen ihres angenehmen Dufts an die Zimmerdecken ihrer Häuser. Bevor die Kırkağaç-Melone verzehrt wird, kommt sie nicht in den Kühlschrank, sondern an einen kühlen Ort.

Die in den Regionen Thrakien und Istanbul angebaute Topatan-Melone hat eine dünne, gelbe Schale. Sie ist nicht lange haltbar, muss also sofort verzehrt werden. Die Topatan- und die in der Umgebung von Ankara angebauten Yuva-Melonen sind hauptsächlich für den heimischen Markt bestimmt.

Um eine gute, reife Honigmelone auszuwählen, drückt man mit dem Daumen auf die Unterseite. Gibt sie leicht federnd nach, ist sie reif. Fühlt sie sich sehr weich an, ist sie überreif und sauer. Man kann bei der Auswahl an der Unterseite aber auch

dibi de koklanır. Dibi kokmayan kavun yenmez. Kavun seçmek insan seçmek kadar zor değildir. Türk atasözü insanoğlu kavun değil ki, dibini koklayasın, der.

riechen. Duftet es nicht, schmeckt die Melone nicht. Eine Honigmelone auszuwählen ist nicht so schwer, wie einen Menschen auszuwählen. Ein türkisches Sprichwort sagt: Der Mensch ist keine Honigmelone, dass du an seinem Hintern riechen kannst (um seine Qualität festzustellen).

Aziz Nesin: Türk misafirperverliği

Yeğenin önerisine anamla karım dünden gönüllü. Çünkü, kendi demelerine göre, ikisi de yemek pişirmede birinciye geliyor. Hem de doğrudur, karım oklavayla bir yufka açar, yufkanın bir yanından baktın mı, tül perdeden bakar gibi, öte yanını görürsün. Bu yufkayla su böreği yapınca iki kilo su böreği yersin de, ikiyüz gram yedim sanırsın; öyle hafif ... Hele baklava ağzında erir, yedin mi yemedin mi anlayamazsın. Anamın safranlı ve tavuk suyuna pilavı üzerine pilav olamaz. [...]

Karımla anam, daha telgrafın geldiği gün kolları sıvadılar. Güzel yemekler pişirmekte birbiriyle yarıştalar. Pişirecekleri yemekleri de aralarında bölüşmüşler. Çorbayı anam, köfteyi karım, mantıyı karım, zeytinyağlı sarmayı karım, böreği anam, baklavayı karım yapacak. [...]

Akşam da yeğenim üç Alman işadamını bizim eve iş yemeğine getirecek. Ben evde beklemekteyim. Anamla karım hâlâ mutfaktan çıkamıyorlar. Bunlar deli yahu! Bunca yemek bir bölük askere yeter be! Kendileri yetmezmiş gibi komşu kadınlardan da yardımcılar çağırmışlar. Sanırsın ki, düğün sofraları kurulacak. [...]

[Hep yemekten dolayı Almanlarla iş konuşmak zordur.]

Ben artık Alaman konukları da unutup:

Aziz Nesin: Türkische Gastfreundschaft

Meine Mutter und meine Frau waren von dem Vorschlag des Neffen begeistert. Sie behaupten, Meisterinnen im Kochen zu sein. Es stimmt auch, wenn meine Frau einen Blätterteig ausrollt, kann man durch den Teig durchsehen, als würde man durch einen Tüllvorhang blicken. Wenn man diese Teigpastete in Wasserdampf zubereitet, kann man davon zwei Kilo hintereinander essen, und es kommt einem vor, als hätte man nur zweihundert Gramm davon gegessen ... so leicht ... Und erst recht die mit Mandeln gefüllte Honigpastete, sie löst sich noch im Mund auf, man merkt gar nicht, ob man davon gegessen hat oder nicht. Kein anderes Reisgericht geht über den Reis mit Safran in Hühnerbrühe, wie meine Mutter ihn zubereitet. [...]

Meine Frau und meine Mutter krempelten noch am selben Tag, an dem das Telegramm eintraf, die Ärmel hoch. Sie wetteiferten miteinander, herrliche Speisen zuzubereiten. Sie teilten die Speisen, die gekocht werden sollten, untereinander auf. Die Suppe würde meine Mutter, die Frikadellen meine Frau, die Joghurtpastetchen meine Mutter, die Weinblattwickel in Olivenöl meine Frau, die Blätterteigpasteten meine Mutter, die Honigpastete aus Blätterteig mit Mandelfüllung meine Frau zubereiten. [...]

Und am Abend brächte mein Neffe die deutschen Unternehmer zum Essen. Ich wartete zu Hause. Meine Frau und meine Mutter waren noch immer in der Küche. Die waren doch verrückt, Mann! So viele Speisen machten ja eine Kompanie Soldaten satt, Mensch! Nicht nur sie schufteten, sie hatten auch noch Nachbarinnen geholt. Man hätte meinen können, es würden mehrere Hochzeitsessen vorbereitet. [...]

[Vor lauter Essen ist es unmöglich, mit den Deutschen über Geschäfte zu reden.]

Ich vergaß schließlich die deutschen Gäste und fuhr meine Frau an:

– Sus ulan karı, sus! Sus ki, iki çift sözedelim. Herifler yarın gidiyor diye bağırdım.

Karım:

– O nasıl şey, konuğa ikram gerekmez mi? Sustum sustum işte … dediyse de bu kez anam tabaklara karnıyarıkları doldururken aldı sözü:

– O kadarcık olur muymuş … Daha neler … Aman dur, bir karnıyarık daha koyayım … Yooo, vallahi olmaz. Yemezseniz gücenirim. Kırk yılda bir, evimize konuk geldiniz … Yeyin allaşkına.

Aziz Nesin, «Yiyin allaşkına», *Sizin Memlekette Eşek Yok mu?* adlı kitabından, İstanbul, Doğan Kitapçılık, 1995, s. 163–175.

«Schweig doch, Weib, schweig endlich! Bleib still, damit wir auch ein bisschen reden können. Die Kerle fahren morgen wieder weg ...»

«Was willst du, soll man die Gäste nicht bewirten? Ich bin schon still, bin schon still, da ...», sagte sie zwar, doch diesmal war meine Mutter dran, die gerade die aufgeschlitzten Auberginen servierte:

«Nur so viel ... Das gibt es ja nicht ... Ach, lass mich doch noch eine Aubergine auftun ... Nein, es geht bei Gott nicht. Wenn ihr nicht esst, bin ich beleidigt. Alle vierzig Jahre einmal besucht ihr uns ... Greift doch bitte zu, um Gottes willen.»

Aziz Nesin, «Greift doch bitte zu!», in Aziz Nesin, *Ein Verrückter auf dem Dach. Meistersatiren aus fünfzig Jahren*, herausgegeben und übersetzt von Yüksel Pazarkaya, C.H.Beck, München 1996, S. 236–251.

Börek, siyaset, Twitter

Türkler, özellikle de erkekler, hamur işlerine bayılırlar. Yedikten sonra «kilo yapıyor, bir daha yemeyeceğim» diye hep günah çıkarırlar. Ama pişmanlıkları sadece anlıktır. Sabah kahvaltıda, akşam yemekten sonra gözleri fırındadır. Çayın yanında üzeri çörekotlu, susamlı, ya da haşhaşlı, içi peynir ve maydanozlu börek, çörek, poğaça gibi hamur işleri beklerler. Fırından yeni çıkmış börek kokusunu daha alır almaz, herşeyi unuturlar.

Dereotlu poğaça, peynirli maydanozlu gözleme, peynirli, ıspanaklı, pazılı, patatesli, kıymalı, pastırmalı börek, açma, pişi, su böreği deyince akan sular durur. Hele hele hafta sonu böreksiz bir kahvaltıyı kahvaltıdan saymazlar.

Ama Türklerin bu börek, çörek coşkusu neredeyse siyasete kurban gidiyordu. Dönemin Aile ve Sosyal Politikalar Bakanı Ayşen Gürcan'ın börek Tweet'i Türkiye'nin siyasi mizah tarihine girdi. İlk başörtülü bakan olan Ayşen Gürcan 2015'te Twitter hesabından şöyle bir mesaj paylaştı: «Eğer bir Müslüman kadın börek yapmasını bilmiyorsa, o aile dağılmaya mahkumdur.»

Uzun bir iş gününün ardından yorgun argın eve dönen erkekler, akşam alıştıkları gibi yemekten sonra çayın yanında börek, çörek beklediler. Ama evde ne börek kokusu vardı ne de fırının sıcak sesi. Kadınlar Bakan'ın sözlerine tepki olarak börek boykotu kararı almıştı.

Börek, Politik und Twitter

Die Türken lieben herzhaftes Hefe- und Blätterteiggebäck, vor allem die Männer. Nach dem Essen beichten sie es sofort und sagen: «Das macht dick, demnächst esse ich es nicht mehr.» Aber ihre Reue ist nur von kurzer Dauer. Morgens beim Frühstück und abends nach dem Essen sind ihre Augen auf den Backofen gerichtet. Sie warten auf Börek, Çörek und Poğaça zum Tee: Blätterteigpasteten, runde Gebäckstücke und Teigtaschen, bestreut mit Schwarzkümmel, Sesam oder Mohn und gefüllt mit Käse und Petersilie. Und sobald ihnen der Duft von Börek frisch aus dem Ofen in die Nase steigt, sind alle guten Vorsätze vergessen.

Teigtaschen mit Dill, Crêpes mit Käse und Petersilie, Börek mit Käse, Spinat, Mangold, Kartoffeln, Hackfleisch oder Pastırma, Butterkringel, Hefe-Schmalzgebäck oder Wasserbörek – schon wenn man die Namen ausspricht, gibt es kein Halten mehr. Und besonders am Wochenende ist ein Frühstück ohne Börek kein Frühstück.

Aber die Vorliebe der Türken für Börek und Çörek wäre beinahe der Politik zum Opfer gefallen. Der Börek-Tweet der damaligen Familien- und Sozialministerin Ayşen Gürcan ist in die Geschichte der türkischen Satire eingegangen. 2015 twitterte Ayşen Gürcan, die erste Ministerin mit Kopftuch: «Wenn eine muslimische Frau kein Börek machen kann, bricht die Familie auseinander.»

Als die Männer nach einem langen Arbeitstag müde und erschöpft nach Hause kamen, erwarteten sie nach dem Abendessen wie gewohnt Börek und Çörek zum Tee. Aber zu Hause lag weder der Duft von frischem Börek noch das Summen des warmen Backofens in der Luft. Die Frauen hatten beschlossen, auf die Äußerung der Ministerin mit einem Börek-Streik zu reagieren.

Erkekler bunu ertesi gün işbaşı yaptıklarında anladı, hepsi aynı dertten muzdaripti. Ama boykota karşı ses çıkaramadılar.

Sosyal medya günlerce Aile Bakanı'nın Twitter mesajıyla çalkalandı. Hikaye bununla bitmedi. Muhalif kadın milletvekili Aylin Nazlıaka, Aile Bakanı'nı arayıp börek işini açıklığa kavuşturmak istedi. Bakan Gürcan'ın cevabı sosyal medyada birinciden çok daha fazla ses getirdi. «Böyle bir şey söylediğimi düşünmüyorum. Arkadaşlarım araştırıyor» dedi. Aile Bakanı konuştukça, börek işi tavan yaptı. Bakan «Hiç börek açmam. Beceremem» dedi. Kamuoyu gülmekten kırıldı.

Sonunda Bakan da dayanamayıp gazetecilere «Bu sıralar börek açıyorum» diyerek, kendi kendiyle dalga geçti ve börek konusu gündemden düştü. Kadınlar yeniden oklavayı alıp börek açmaya başladı. Erkekler de böylece bir türlü vazgeçemedikleri börek, çörek, açma, gözleme çeşitlerine kavuştu. Hikaye de şark masallarında olduğu gibi mutlu sona erdi ... Onlar ermiş muradına biz çıkalım kerevetine.

Am nächsten Tag, an ihrem Arbeitsplatz, merkten die Männer, dass sie alle von dem gleichen Problem betroffen waren. Aber gegen den Streik konnten sie nichts sagen.

Der Tweet der Familienministerin löste in den sozialen Medien einen tagelangen Shitstorm aus. Aber das war nicht das Ende der Geschichte. Die Oppositionsabgeordnete Aylin Nazlıaka rief die Familienministerin an, um die Sache mit dem Börek zu klären. Ministerin Gürcans Antwort führte in den sozialen Medien zu einem noch viel größeren Aufruhr. «Ich glaube nicht, dass ich so etwas gesagt habe», sagte sie. «Meine Mitarbeiter prüfen das.» Je öfter sich die Familienministerin äußerte, desto mehr kochte die Börek-Geschichte hoch. «Ich rolle nie Börekteig aus. Ich kann das gar nicht», sagte sie. Die Öffentlichkeit bog sich vor Lachen.

Am Ende hielt es die Ministerin nicht mehr aus und erklärte gegenüber Reportern: «Zurzeit rolle ich Börekteig aus» und nahm sich damit selbst auf die Schippe. Und das Thema Börek verschwand von der Tagesordnung. Die Frauen griffen wieder zum Nudelholz und fuhren fort, Börekteig auszurollen. Und jetzt bekamen auch die Männer wieder ihr innig geliebtes Börek, Çörek, Açma und Gözleme. Wie in den orientalischen Märchen nahm die Geschichte ein Happy End … Und wenn sie nicht gestorben sind, dann leben sie noch heute.

Rakı getir garson

Türklerin milli içkisidir rakı. Yaş üzümden yapılır, içine anason katılır. Üzerine su ekleyince beyazlaşır. O nedenle rakının argodaki bir adı da aslan sütüdür.

Rakı sofrasının adabı vardır. Güneş battıktan sonra içilir. Eski sözle rakı zamanına, «vakt-i kerahat» denir. Rakının diğer içkilerden farkı yalnız içilmez. En az iki kişi gerekir. Rakı bir muhabbet içkisidir.

Sofrası çok zengindir. Çilingir sofrası diye tanımlanır. Çilingir kelimesi Osmanlı Sarayı'nda Sultan'ın yemeklerini önce tadan çeşnicibaşı ya da çeşnigir sözcüğünden alıntıdır. Rakıya aç karnına başlanmaz, ama rakı bir akşam yemeği içkisi de değildir. Zeytinyağlı onlarca çeşit soğuk ve sıcak meze ile sohbet eşliğinde yavaş yavaş, yudum yudum içilir rakı. Mezelerin miktarı az, ama çeşidi boldur. Restoranlarda meze çeşitleri bir tepsi üzerine küçük tabaklarda müşteriye sunulur.

Mezeler yöreye ve mevsimine göre değişir. Haydari, cacık, beyaz peynir, kavun, patlıcan salatası, acılı ezme, şakşuka, humus, fava, deniz börülcesi, semizotu, lakerda, çiroz salatası, midye dolması, roka, tere, tulum peyniri rakının en sevilen soğuk mezeleridir.

Rakı, Herr Ober

Das alkoholische Nationalgetränk der Türken ist der Rakı. Er wird aus frischen Trauben destilliert und mit Anis versetzt. Gibt man Wasser hinzu, wird er weiß, deshalb wird Rakı umgangssprachlich auch Löwenmilch genannt.

Die Rakı-Tafel folgt festen Gepflogenheiten. Man trinkt ihn erst nach Sonnenuntergang. Den Beginn des Rakı-Gelages nennt man mit einem alten Wort vakt-i kerahat. Im Unterschied zu anderen alkoholischen Getränken trinkt man Rakı nie allein, sondern mindestens zu zweit. Rakı ist ein geselliges Getränk.

Die Rakı-Tafel ist reich gedeckt und wird als Çilingir sofrası bezeichnet. Das Wort «çilingir» kommt von çeşnigir oder çeşnicibaşı, dem Vorkoster am osmanischen Hof. Rakı verträgt man nicht auf leeren Magen, aber es ist auch kein Getränk zum Abendessen. Man trinkt ihn langsam, Schluck für Schluck, begleitet von Dutzenden kalten und warmen Vorspeisen in Olivenöl und anregenden Gesprächen. Die Portionen sind immer klein, aber von großer Vielfalt. Im Restaurant werden sie den Gästen auf einem Tablett mit vielen Tellerchen dargeboten.

Die Vorspeisen variieren je nach Region und Jahreszeit. Haydari, Cacık, Schafskäse, Honigmelone, Auberginensalat, Ezme, Şakşuka, Hummus, Saubohnenpüree, Seegrassalat, Semizotu, marinierter Thunfisch, Salat aus luftgetrockneten kleinen Makrelen, gefüllte Miesmuscheln, Rukola, Kresse und Tulum sind die beliebtesten kalten Vorspeisen der Rakı-Tafel.*

* Haydari (pikante Joghurtcreme mit Hirtenkäse, Dill und Knoblauch), Cacık (abgetropfter Joghurt mit kleingeschnittenen Gurken), Ezme (scharfe Paste aus roten Paprika, Tomaten und Chili), Şakşuka (mit Auberginen und Tomaten gebratene Auberginen), Semizotu (cremiger Joghurt mit Portulak), Tulum (krümeliger Frischkäse).

Rakı alemi boyunca bir meze çeşidi gider, bir meze çeşidi gelir, ama aynısı gelmez. Mezeler karın doyurmaya değil, rakıya eşlik eder. Yoğurtlu mezeler rakının keskin alkolüne karşı mide koruyucusu vazifesi görür.

Soğuk mezeleri ara sıcaklar izler: kalamar tava, karides, paçanga böreği, sigara böreği ...

Rakı sofrasında kadehler «hadi hoş geldin» sözleriyle kalkar, ardından «şerefe», «sağlığımıza», «en kötü günümüz böyle olsun» diye devam eder. Kadeh tokuşturmada saygı kuralları geçerlidir. Kadehler masadaki en yaşlının kadehinin dibiyle tokuşturulur. Bardaklar kalkıp şerefe dendikten sonra, rakı kadehi bir yudum içilmeden sofraya konmaz.

Rakı bardağı boş beklemez. Masada bir kişi sakilik yapar. Saki masanın en gencidir. Rakı ve suyu soğuk olmalıdır. Kadehe önce rakı dökülür, sonra üzerine su eklenir. Buz en sonra gelir. Rakıya sudan önce buz, anason kokusunu alır ve eridikçe beyaz rengi bozar. Rakı üstadları buzu tavsiye etmezler.

Rakı ufak yudumlarla içildiği için adına demlenmek denir. Rakı aleminde oynak havalar gitmez. Kanun, ud, ney, yaylı tambur, keman, klarnet, def gibi enstrümanlar eşliğinde söylenen ağır fasıl dinlenir.

Rakı bir sevinci kutlamak, keder dağıtmak, arkadaşlarla güzel zaman geçirmek için içilir. Sert

Im Verlauf des Rakı-Abends wird eine Vorspeise nach der anderen aufgetragen, aber nie kommt zweimal dieselbe. Die Meze sind nicht zum Sattwerden, sondern eine Begleitung zum Rakı. Vorspeisen mit Joghurt sollen den Magen gegen den hohen Alkoholgehalt des Rakı schützen.

Auf die kalten folgen die warmen Vorspeisen: Kalamar Tava, Garnelen, Paçanga- und Zigaretten-Börek …*

An der Rakı-Tafel hebt man das Glas mit dem Satz «Also dann, willkommen», gefolgt von «Prost», «Auf unser Wohl», «Mögen unsere schlechtesten Tage so sein». Beim Anstoßen muss man bestimmte Regeln des Respekts beachten. Alle berühren mit dem unteren Teil ihres Glases gleichzeitig das Glas des Ältesten am Tisch. Hat man das Glas gehoben und sich zugeprostet, stellt man es nicht wieder ab, ohne getrunken zu haben.

Ein Rakıglas bleibt nie lange leer. Einer am Tisch muss den Mundschenk spielen, und diese Rolle fällt dem Jüngsten zu. Rakı und Wasser müssen kalt sein. Zuerst gießt man Rakı ins Glas, dann gibt man Wasser hinzu, und am Schluss kommt das Eis. Gibt man das Eis vor dem Wasser in den Rakı, entzieht es ihm den Anisgeruch und verdirbt beim Schmelzen die milchig weiße Farbe. Kenner empfehlen Rakı ohne Eis.

Weil man schlückchenweise trinkt, kann man schwelgen und genießen. Dazu hört man keine lebhafte, ausgelassene Musik, sondern die *fasıl* genannte getragene klassisch-osmanische Musik: Gesang, begleitet von Instrumenten wie Kanun, Ud, Ney, Tanbur, Geige, Klarinette und Rahmentrommel.**

Rakı trinkt man, um zu feiern, um seine Sorgen zu vertreiben und mit Freunden ein paar schöne Stunden zu ver-

* Kalamar Tava (frittierte Tintenfischringe), Paçanga- und Zigaretten-Börek (Blätterteigröllchen, mit kräftig gewürztem Dörrfleisch gefüllt bzw. mit Schafskäse und Kräutern gefüllt und frittiert).

** die Kastenzither Kanun, die Kurzhalslaute Ud, die Rohrflöte Ney, die Langhalslaute Tanbur.

bir içki olan rakı «şişede durduğu gibi durmaz». Kalpleri açar, dili çözer. Fazla içen aslan kesilir. Rakı içip kafayı bulan fare, «o kedi buraya gelecek» diye kükrer, kuzu ise «kurdun evi nerde» diye sorar.

Orhan Veli Kanık'ın «bir de rakı şişesinde balık olsam» dizesi ünlüdür. Rakının sınırı çakırkeyiftir ve ölçüsü iki dubledir. Ne rahatsız eder ne çarpar.

Rakı sofrası işkembe çorbası veya kokoreçle kapatılır. Rakının alkolünü bastırır, uykuya hazırlar.

Hadi o zaman, en kötü günümüz böyle olsun!

bringen. Der hochprozentige Schnaps «bleibt nicht so, wie er in der Flasche war». Er öffnet das Herz und löst die Zunge. Wer viel trinkt, fühlt sich stark wie ein Löwe. Eine vom Rakı betrunkene Maus brüllt: «Diese Katze soll herkommen», und das Lamm fragt nach der Höhle des Wolfes.

Berühmt ist Orhan Veli Kanıks Gedichtzeile «Wär ich doch ein Fisch in einer Flasche Rakı». Vom Rakı sollte man nur einen Schwips bekommen, die Obergrenze sind zwei Doppelte. Dann wird einem weder übel, noch fühlt man sich angeschlagen.

Man beschließt den Rakı-Abend mit einer Kuttelsuppe oder mit gegrillten Därmen. Das dämpft die Wirkung des Alkohols und erleichtert den Schlaf.

Also dann: mögen unsere schlechtesten Tage so sein!

Bir Türk kahvesi içelim mi

Yorgun musun? Sohbet ihtiyacın mı var? İçini dökmek, dertleşmek, geleceğine baktırmak ya da keyif yapmak mı istiyorsun? Bir fincan kahveye ne dersin? Bu tür durumlarda ilaç gibi gelir.

Günümüzde dünyanın bu en popüler içeceği kahvenin ana vatanı Habeşistan (Etiyopya), ama kahve Türkler üzerinden Avrupa'ya yayıldı. Türk mutfağının Avrupa mutfağına en önemli katkılarından biri kahve kültürüdür.

Kahve yaklaşık bin yıl önce Habeşistan'da keşfedildi ve oradan tüm İslam alemini fethetti. Çuvallarla Yemen'in liman kenti Mocha'ya getirilerek, gemilere yüklenen kahve çekirdekleri Kahire üzerinden İstanbul'a ulaştı. Zamanla kahve yetiştiren Yemen, Osmanlı İmparatorluğu'nun bir parçası olarak dünyanın en büyük kahve üreticisi konumuna yükseldi.

Türkiye'de ilk kahvehane İstanbul'da 1553'te açıldı. Avrupalı seyyahların 17'inci yüzyıl başında İstanbul'da en çok dikkatini çeken şey kahvehanelerdi. 1610 yılında kenti ziyaret eden İngiliz gezgin ve şair George Sandys seyahatnamesinde Türkler hakkında gözlemlerini şöyle anlatıyor: «Meyhaneleri yok, ama onlara benzeyen kahvehaneleri var. Günün büyük bölümünde orada oturup sohbet ediyorlar. Küçük porselen fincanlardan, dayanabildikleri kadar sıcak, is gibi siyah ve tadı da isten çok farklı olmayan kahve dedikleri bir içeceği yudumluyorlar.»

Kahve o zamanlar Avrupa'da henüz tanınmıyordu. Kahve alışkanlığı ve kültürünün

Trinken wir einen türkischen Kaffee?

Bist du müde? Möchtest du mit jemandem reden? Jemandem dein Herz ausschütten oder dein Leid klagen, einen Blick in die Zukunft werfen oder dich einfach entspannen? Wie wär's mit einer Tasse Kaffee? In solchen Fällen ist Kaffee wie Medizin.

Das populärste Getränk unserer heutigen Welt hat seine Heimat in Abessinien (Äthiopien), aber es gelangte über die Türkei nach Europa. Die Kaffeekultur ist einer der wichtigsten Beiträge der türkischen zur europäischen Küche.

Von Abessinien aus, wo der Kaffee vor rund tausend Jahren entdeckt wurde, eroberte er die gesamte islamische Welt. Die Kaffeebohnen wurden in Säcken in die jemenitische Hafenstadt Mokka gebracht und auf Schiffe verladen. Über Kairo kamen sie nach Istanbul. Im Lauf der Zeit wurde im Jemen selbst Kaffee angebaut, und als Teil des Osmanischen Reichs wurde der Jemen zum größten Kaffeeproduzenten der Welt.

Das erste Kaffeehaus der Türkei wurde 1553 in Istanbul eröffnet. Und in Istanbul waren es vor allem die Kaffeehäuser, die zu Beginn des 17. Jahrhunderts die Aufmerksamkeit der europäischen Reisenden erregten. 1610 besuchte der englische Reisende und Dichter George Sandys die Stadt und hielt seine Eindrücke über die Türken in seinem Reisebericht folgendermaßen fest: «Sie haben zwar keine Schänken, dafür aber ihre Kaffeehäuser, die durchaus ähnlich sind. Da sitzen sie und schwatzen den ganzen Tag, aus kleinen Porzellanschälchen schlürfen sie ein Getränk, das sie Coffa nennen und das sie so heiß wie möglich trinken. Es ist schwarz wie Ruß und schmeckt auch nicht viel anders.»

Kaffee war damals in Europa noch unbekannt. Es dauerte eine Weile, bis die Gewohnheit des Kaffeetrinkens und die

Avrupa'ya yerleşmesi zaman aldı. Başlangıçta kahve Avrupalıların damak tadına hitap etmedi.

İlk kahvehanenin 1647 yılında Venedik'te açılması tesadüfi değildi, çünkü Venediklilerin Osmanlıyla çok sıkı ticari ilişkileri vardı. Venedik'i 1650'de Oxford, 1652'de Londra, 1659'da Marsilya, 1663'te Amsterdam, 1672'de Paris, 1673'te Bremen ve dört yıl sonra Hamburg izledi.

Kahvenin Viyana'ya gelmesi ise Türklerin 1683 Viyana Kuşatması'nı bekledi. Viyana'da ilk kahvehane 1685'te açıldı. Kahve Paris'te Osmanlı elçisi Süleyman Ağa'yla moda içecek haline geldi. Elçi Süleyman Ağa 1670'te Paris'te soylu misafirlerini kahveyle ağırladı. Elçilikte verilen kabullerde konuklara Osmanlı Saray usulüne uygun olarak, altın saçaklı ipek peçetelerle, altın ve gümüş yaldızlı porselen fincanlarda sunulan kahve Paris sosyetesini büyüledi. Kahve modası sarayı da etkiledi. Kral XV. Louis, Versay Sarayında kendi kahvesini kendi pişirdi. Metresi Madame Pompadour ile kahve içip nargile çekerken portresini yaptırdı.

Kahve kültürü Avrupa'nın yaşam tarzını ve manzarasını da değiştirdi. Kahvehaneler sadece edebiyat, sanat ve felsefe değil, ateşli siyasi tartışmalara da ev sahipliği yaptı. Bu nedenle yöneticiler zaman zaman kahvehaneleri yasakladılar.

Osmanlı İmparatorluğu'nda kahvehaneler sadece erkeklerin buluştuğu, haberleştiği, görüş alışverişinde bulunduğu yerler değildi. Kahvehaneler aynı zamanda meddahların anlattığı hikayelerle insanların hoş zaman geçirdiği bir eğlence merkeziydi.

Birinci Dünya Savaşı'ndan sonra Osmanlı İmparatorluğu dağıldı. Osmanlının kahve ihtiyacını

Kaffeekultur in Europa heimisch wurden. Anfangs schmeckte der Kaffee den Europäern nicht.

Dass das erste Kaffeehaus 1647 in Venedig eröffnet wurde, ist kein Zufall, denn die Venezianer und die Osmanen pflegten enge Handelsbeziehungen. Es folgten Kaffeehäuser 1650 in Oxford, 1652 in London, 1659 in Marseille, 1663 in Amsterdam, 1672 in Paris, 1673 in Bremen und vier Jahre später in Hamburg.

Nach Wien dagegen gelangte der Kaffee erst 1683 mit der türkischen Belagerung. Das erste Wiener Kaffeehaus eröffnete im Jahr 1685. In Paris wurde Kaffee durch den osmanischen Gesandten Süleyman Ağa zum Modegetränk. 1670 bewirtete er seine adligen Gäste mit Kaffee. Bei den Empfängen in der Gesandtschaft wurde, wie am osmanischen Hof üblich, den Gästen Kaffee aus vergoldeten oder versilberten Porzellantässchen serviert, dazu bekamen sie Seidenservietten mit goldenen Fransen. Die feine Pariser Gesellschaft war bezaubert. Für die Kaffee-Mode begeisterte sich auch der königliche Hof. König Ludwig XV. kochte in Schloss Versailles selbst Kaffee und ließ sich mit seiner Mätresse Madame Pompadour Kaffee trinkend und Wasserpfeife rauchend porträtieren.

Mit der Kaffeekultur änderten sich auch der Lebensstil und das Gesicht Europas. In den Kaffeehäusern debattierte man nicht nur über Literatur, Kunst und Philosophie, man führte auch hitzige politische Diskussionen. Aus diesem Grund wurden die Kaffeehäuser von der Obrigkeit immer wieder verboten.

Die den Männern vorbehaltenen Kaffeehäuser im Osmanischen Reich waren Orte der Geselligkeit, des Nachrichten- und Meinungsaustauschs, aber auch des Vergnügens, wo Geschichtenerzähler auftraten und die Besucher mit ihrer Kunst unterhielten.

Der Erste Weltkrieg brachte das Ende des Osmanischen Reichs. Jemen, das bis dahin den Kaffeebedarf der Türken

karşıladığı Yemen İmparatorluktan ayrıldı. Kahve karaborsaya düştü. Cumhuriyet'in kurulmasıyla Karadeniz'de çay üretimine başlandı. Kahve çayın gölgesinde kaldı. Kahvehaneler çayhanelere dönüştü. Eski kahve kültüründen bugün geriye sadece atasözleri kaldı: «Bir fincan kahvenin kırk yıl hatırı vardır». «Gönül ne kahve ister ne kahvehane, gönül sohbet ister, kahve bahane.»

1980'li yılların sonunda büyük kentlerde kadın ve erkeklerin gittiği modern kafeler açıldı. Sadece erkekleri ağırlayan eski kahvehaneler de halen yaygın.

Bugün yemekten sonra kahve yerine çay içiliyor. Ama istek üzerine hemen her restaurant Türk kahvesi de pişiriyor.

gedeckt hatte, wurde unabhängig, und bald gab es Kaffee nur noch auf dem Schwarzmarkt. Mit der Gründung der Türkischen Republik begann der Teeanbau am Schwarzen Meer. Der Kaffee wurde vom Tee verdrängt. Aus Kaffeehäusern wurden Teehäuser. Von der alten Kaffeekultur sind heute nur Sprichwörter geblieben: «Eine Tasse Kaffee verbindet für vierzig Jahre.» «Das Herz will weder Kaffee noch Kaffeehaus, das Herz will Gespräche, der Kaffee ist nur ein Vorwand.»

Ende der 1980er Jahre entstanden in den großen Städten der Türkei moderne Cafés, die von Männern und Frauen besucht wurden. Die alten Kaffeehäuser, in denen nur die Männer verkehren, gibt es aber immer noch.

Heute trinkt man nach dem Essen nicht Kaffee, sondern Tee, doch auf Wunsch bekommt man in fast allen Restaurants türkischen Kaffee.

Türk kahvesi nasıl yapılır

Türk kahvesi dört türlü pişirilir: sade, az şekerli, orta şekerli ve çok şekerli. Türk kahvesi için en başta bir cezveyle küçük kahve fincanı gerekir. Elektrikli cezveler de var, ama ocakta Türk kahvesi pişirmenin zevki başkadır. En iyi kahve ise bakır cezveden çıkar.

Kahve taze kavrulmuş, ince çekilmiş olmalıdır. Bayat kahve ekşi bir tad bırakır. Sıralama önemlidir: Cezveye önce kahve, sonra şeker, en sonra su konur. Her fincan için iki çay kaşığı kahve, az şekerliyse bir, orta şekerliyse iki, çok şekerliyse üç çay kaşığı şeker, bir Türk kahvesi fincanı soğuk su eklenir. Kahve suda iyice çözülünceye kadar karıştırılır. Ardından cezve kısık ateşe sürülür ve çok yavaş pişmeye bırakılır. Su ısındıkça kahve kabarmaya başlar. İyice kabarınca cezve ateşten alınır ve üstte oluşan köpük fincanlara dağıtılır. Geri kalan kahve tekrar kısık ateşe yerleştirilir. Yeniden kaynayıp kabarınca, fincanlara paylaştırılır.

Türk kahvesi hep yanında bir bardak suyla servis edilir. Kahveden önce bir yudum su ağzı temizler, kahvenin tadını tam almasını sağlar ve yanında bir tane lokum çok iyi gider.

Afiyet olsun!

Wie wird türkischer Kaffee zubereitet?

Es gibt vier verschiedene Varianten von türkischem Kaffee: ungesüßt, wenig gesüßt, mittelsüß und stark gesüßt. Für türkischen Kaffee braucht man zuallererst ein langstieliges Mokkakännchen und kleine Tässchen. Zwar gibt es auch elektrische Mokkakännchen, aber türkischen Kaffee auf dem Herd zu kochen macht mehr Spaß. Am besten schmeckt er aus einem Kupferkännchen.

Der Kaffee muss frisch geröstet und fein gemahlen sein. Altes Pulver gibt dem Kaffee einen säuerlichen Geschmack. Die Reihenfolge ist wichtig: Zuerst kommt der Kaffee, dann der Zucker und am Ende Wasser in das Kännchen. Pro Tasse braucht man zwei Teelöffel Pulver, für wenig gesüßten Kaffee einen, für mittelsüßen zwei und für stark gesüßten Kaffee drei Teelöffel Zucker und ein Kaffeetässchen kaltes Wasser. Man verrührt das Gemisch so lange, bis sich das Pulver gut mit dem Wasser verbunden hat. Dann stellt man das Kännchen auf den Herd und erhitzt es behutsam bei kleiner Flamme. Wenn das Wasser zu kochen beginnt, steigt der Kaffee langsam hoch. Sobald er aufschäumt, nimmt man das Kännchen vom Feuer und verteilt den Schaum auf die Tässchen. Der restliche Kaffee wird noch einmal auf kleiner Flamme erhitzt. Wenn der Kaffee erneut hochkocht, gießt man ihn in die Tässchen.

Türkischer Kaffee wird stets mit einem Glas Wasser serviert. Bevor man den Kaffee trinkt, nimmt man einen Schluck Wasser, das reinigt den Mund, und der Kaffeegeschmack entfaltet sich besser. Dazu passt ein Stück Lokum.

Wohl bekomm's!

1970'li yılların sonunda Münih'te sadece bir döner büfesi vardı. Canımız döner çekince, Rosenheimer caddesi üzerindeki bu büfeyi ziyaret eder, 3.50 marka ayran eşliğinde ekmek arası döner yer çıkardık. Bir gün yine oraya gittiğimizde, büfeyi kapalı bulduk. Sonradan öğrendik ki, bir vergi memuru tebdili kıyafetle gittiği bu büfede bir döner ısmarlayıp slot makinesi önüne oturmuş, saatlerce kumarcı gibi kamufle olup satılan her döner için önündeki deftere bir çizik atmıştı. Maliyenin radarına giren büfe sahibi, soluğu Türkiye'de almıştı.

Kitle turizmiyle Almanlar arasında Türk mutfağına yabancılık da hızla kaybolmaya başladı. Her tarafta mantar gibi biten döner büfeleri zamanla en gözde fast food zinciri McDonald's'ı tahtından indirdi. Bugün Berlin'de nüfusa kıyasla İstanbul'dan daha fazla döner büfesi var.

Döner Almanya'ya Türkiye'den misafir işçi göçüyle girdi, ama dünya çapındaki zaferine Almanya'dan çıktı. Bugün 140'ı Almanya'da olmak üzere Avrupa'da 175 döner fabrikası bulunuyor. 12 bin 500 civarında döner büfesi Almanya'da günde 600 ton döner satıyor.

Almanya döneri ama, orijinali Türk dönerinden farklı. Almanya'da döner dana et ağırlıklı ve yüzde 60 kıyma, yüzde 40 yaprak et. Türkiye'de dana veya koyun eti ya da ikisinin karışımından oluşan döner sadece yaprak etten yapılıyor. Almanya'da ekmek arası ya da dürüm döner domates, yeşil salata, salatalık, soğan, maydanoz,

Kebap-Land

Ende der 1970er Jahre gab es in München nur einen einzigen Dönerimbiss. Wenn wir Lust auf einen Döner hatten, gingen wir in die Rosenheimer Straße, aßen für 3,50 Mark einen Döner im Brot und tranken dazu Ayran. Als wir wieder einmal hinkamen, war der Imbiss geschlossen. Später erfuhren wir, dass ein Steuerbeamter dort inkognito einen Döner bestellt, sich als Glücksspieler getarnt stundenlang vor den Spielautomaten gesetzt und bei jedem Döner, der verkauft wurde, einen Strich in das vor ihm liegende Heft gemacht hatte. Ins Visier des Finanzamts geraten, hatte sich der Imbissbesitzer in die Türkei abgesetzt.

Im Zuge des Massentourismus verlor die türkische Küche bei den Deutschen rasch ihre Fremdartigkeit. Mit der Zeit schossen Dönerbuden überall wie Pilze aus dem Boden und verdrängten die beliebteste Fastfoodkette McDonald's. Heute gibt es, gemessen an der Einwohnerzahl, in Berlin mehr Dönerbuden als in Istanbul.

Der Döner genannte Drehspieß (*döner* kommt von *dönmek*, sich drehen) kam zwar mit den Gastarbeitern aus der Türkei nach Deutschland, aber seinen weltweiten Siegeszug trat er von Deutschland aus an. Von den 175 Dönerfabriken Europas befinden sich heute 140 in Deutschland. In Deutschland verkaufen zirka 12 500 Dönerbuden pro Tag 600 Tonnen Döner.

Doch der deutsche Döner ist anders als das türkische Original. In Deutschland besteht er hauptsächlich aus Kalbfleisch, mit 60 Prozent Hackfleisch und 40 Prozent Fleischscheiben. In der Türkei wird Kalb- oder Lammfleisch oder beides gemischt verwendet, und zwar ausschließlich Fleischscheiben. In Deutschland wird Döner entweder im Brot oder als Dürüm Döner (Döner Wrap) mit einer reichen Garnitur

beyaz veya mor lahanadan ibaret zengin bir garnitür yanında sarmısaklı yoğurt, otlu ya da acılı sosla servis ediliyor.

Türkiye'de döner teraziyle tartılıyor. Ekmek arasına yüz gram döner konuluyor. Etin tadılması amacıyla sadece bir iki dilim domates, bir turşu biber, birkaç kızartılmış patates ekleniyor. Türkiye genelinde 30 bin döner büfesinde günde 900 ton döner tüketiliyor.

Almanya'da döner eti genellikle marine edilmiyor, Türkiye'de ama yaprak etler akşamdan soğan suyu, zeytin yağı, domates salçası, kaya tuzu, karabiber, kekik, sarmısak karışımı sosa yatırılıyor. Ertesi gün şişe takılıyor.

Dönerle ilgili ilk bilgiye Osmanlı seyahat yazarı Evliya Çelebi'nin *Seyahatnamesi*'nde rastlanıyor. 1641'de Kırım'ı ziyaret eden Evliya Çelebi burada Kırım Tatarlarında gördüğü döner tarzı bir kebaptan bahsediyor. Ama o zamanki döner yataydır.

Bugün dikey şişte tanıdığımız dönerin mucidi ise Kastamonulu Hamdi usta. 1855'te ilk kez etleri üst üste takarak, dikey döneri keşfediyor. 1867'de Bursa'da «Kebapçı İskender» lokantasının kurucusu İskender Usta, kendi adıyla tanınan İskender kebabı geliştiriyor. Alta pide parçalarını döşüyor, üstüne sarmısaklı yoğurt ve yaprak döneri seriyor, üzerine kızgın domates salçası ve tereyağını döküyor. İstanbul'da ilk seyyar döner fotoğrafını 1855'te İngiliz fotoğrafçı James Robertson çekiyor.

Türkiye'de kebap sadece dönerden ibaret değil. Döner aslında bir öğlen yemeği, akşam yemeğinde başka kebaplar yeniyor. Sandviç biçiminde fast food olarak satılması 1960'lı yılların orta-

aus Tomaten, grünem Salat, Gurke, Zwiebeln, Petersilie, Weiß- oder Rotkohl und mit Knoblauchjoghurt, Kräuter- oder scharfer Sauce serviert.

In der Türkei wird das Dönerfleisch gewogen. In ein Stück Weißbrot kommen hundert Gramm. Um den Fleischgeschmack zur Geltung zu bringen, gibt man lediglich ein, zwei Scheiben Tomaten, eine in Essig eingelegte Paprikaschote und ein paar Pommes frites dazu. In der Türkei verarbeiten 30 000 Dönerbuden pro Tag insgesamt 900 Tonnen Dönerfleisch.

In Deutschland wird das Fleisch in der Regel nicht mariniert. In der Türkei dagegen werden die Fleischscheiben über Nacht in eine Marinade aus Zwiebelsaft, Olivenöl, Tomatenmark, grobem Salz, schwarzem Pfeffer, Oregano und Knoblauch gelegt und am nächsten Tag auf den Drehspieß gesteckt.

Dem Döner begegnet man erstmals im *Seyahatname* des osmanischen Reiseschriftstellers Evliya Çelebi. 1641 besuchte er die Krim und berichtete über eine Art am Drehspieß gebratenes Kebap der Krimtartaren. Allerdings war der damalige Drehspieß waagrecht.

Der Erfinder unseres heutigen senkrechten Drehspießes war Meister Hamdi, ein Koch aus Kastamonu. 1855 steckte er das Fleisch erstmals in Schichten übereinander und erfand damit den senkrechten Spieß. 1867 kreierte der Koch Iskender, Gründer des Kebap-Lokals «Kebapçı Iskender» in Bursa, das unter seinem Namen bekannte Iskender Kebap. Auf Fladenbrotwürfel gab er Knoblauchjoghurt und das in dünne Scheiben geschnittene Dönerfleisch und goss heiße Tomatensauce und Butter darüber. Das erste Foto eines Döner-Straßenverkäufers in Istanbul ist aus dem Jahr 1855 und stammt von dem englischen Fotografen James Robertson.

In der Türkei ist Kebap mehr als nur Döner. Döner ist eigentlich ein Mittagessen, abends isst man andere Kebap-Gerichte. Als Fastfood-Sandwich wird es erst seit Mitte der 1960er Jahre verkauft. Kebap bedeutet «gegrilltes Fleisch».

sında başlıyor. Izgarada kızartılmış et anlamına gelen, Aramice/Süryanice *kbaba* ve Arapça *kabab* sözcüğünden alınan kebap çeşitlerinin en bilinenleri İskender, Adana, Urfa, Beyti, Ali Nazik, şiş, çöp şiş, tandır ve Erzurum'un yatay şişe takılı cağ kebabıdır. Ama 100'ün üzerinde kebap çeşidi mevcuttur. Her yörenin kendine ve mevsime has bir kebabı vardır. Tokat kebabı bunlardan biridir. Kuzu budu eti, patlıcan, patates, yeşil biber, domates ve sarmısakla özel ocakta pişirilir. Mevsimi patlıcanın çıktığı haziran ayında başlar ve sonbaharda biter.

Kebabın asıl memleketi ise Adana'dır. Ankara, İzmir, Bursa'dan Adana Kebap yemek için özel olarak Adana'ya gidenler var. «Gez dünyayı ye adanayı» bir deyim olmuştur.

Adana kebap erkek kuzu ya da erkek hayvan etinden hazırlanıyor. Sırt kısmından alınan etlerin sinirleri ayıklandıktan sonra zırh denilen bir bıçakla kıyılıyor. Bir kilo ete yağ durumuna göre yaklaşık 250–300 gram kuyruk yağı katılıyor. Kırmızı pul biber ve tuzla iyice yoğruluyor. Şişlere dizilip ocakta kızartıldıktan sonra, yanında sumaklı soğan salatası, nane, maydanoz, köz yeşil biber, köz domates ve pideyle servis ediliyor. Sarmısaklı yoğurt ve pide üstüne konuşlandırılan türüne ise yoğurtlu Adana deniyor. Urfa Kebap da Adana gibi, Adana'dan tek farkı acısız olması. Acı malzemeler yanında veriliyor.

Ankara'da binin üzerinde, İstanbul'da 4 bin civarında kebapçı kayıtlı. Bu kadar çok kebap çeşidi arasından birini seçmek ızdıraplıdır.

Das Wort ist abgeleitet vom syrisch-aramäischen *kbaba* und vom arabischen *kabab*. Die bekanntesten Arten sind Iskender-, Adana-, Urfa-, Beyti- und Ali-Nazik-Kebap, Şiş (Grillspieß), Çöp şiş (kleine Grillspieße), Tandır Kebap aus dem Lehmofen und das an einem waagrechten Drehspieß gegrillte Cağ Kebap aus Erzurum. Doch es gibt mehr als 100 verschiedene Kebap-Gerichte. Jeder Ort hat seine eigene saisonale Variante. Tokat Kebap ist eine davon. Es wird mit Fleisch aus der Lammkeule, Auberginen, Kartoffeln, grünen Paprikaschoten, Tomaten und Knoblauch in einem speziellen Ofen gegrillt. Die Saison beginnt im Juni mit den ersten Auberginen und endet im Herbst.

Die eigentliche Heimat des Kebap jedoch ist Adana. Es gibt Leute, die eigens aus Ankara, Izmir oder Bursa anreisen, um in Adana Kebap zu essen. «Bereise die Welt, aber esse in Adana» ist zum Slogan geworden.

Für Adana Kebap nimmt man Hammelfleisch oder das Fleisch eines anderen männlichen Tieres. Vom Rückenstück werden die Sehnen entfernt, dann wird das Fleisch mit einem Wiegemesser klein gehackt. Pro Kilo Fleisch gibt man je nach Fettgehalt 250–300 Gramm Schwanzfett hinzu. Man knetet die Masse mit roten Chiliflocken und Salz gut durch, steckt sie auf Spieße, grillt und serviert sie mit Zwiebelsalat, gewürzt mit Sumach, mit Minze, Petersilie, gegrillten grünen Paprikaschoten, gegrillten Tomaten und Fladenbrot. Mit Knoblauchjoghurt und Fladenbrot obendrauf nennt man es Yoğurtlu Adana. Urfa Kebap ist wie Adana Kebap, nur nicht scharf. Die scharfen Beilagen serviert man extra dazu.

In Ankara sind mehr als 1000 und in Istanbul zirka 4000 Kebap-Lokale registriert. Bei so vielen Kebap-Arten hat man die Qual der Wahl.

Karpuza gel karpuza

Kayserililer çok iyi tüccardırlar. Onların bu tüccarlık hüneri üzerine bir hikaye anlatılır. Zamanında atlı bir gezgin Kayseri'de mola verir. Yanından geçmekte olan bir Kayserili ona «nasıl yardımcı olabilirim» diye sorar. Gezgin, «bana öyle bir şey bul ki, hem benim hem atımın karnı doysun. Hem susuzluğum geçsin hem de eğleneyim. Eğer böyle bir şey bulursan, seni mükafatlandırırım» diye vadeder. Kayserili bir karpuz alıp gelir ve gezgine «karpuzun içini kendin ye. Hem açlığını giderir hem susuzluğunu. Kabuğunu atına yedir. Çekirdekleri de sana eğlencelik olsun» der.

Yabani ataları Güney Afrika'da bulunan karpuz Türkiye üzerinden Avrupa'ya girmiştir. 17'inci yüzyılda karpuz İngilizcede *Turkish gourd* (Türk kabağı) ya da *Turkie Coocomber* (Türk hıyarı) olarak tanınır. Fransızcada *turquin* olarak adlandırılır. Almancada *Arbuse* ve *Kürbis* sözcüklerinin kökeni karpuzdan kaynaklanır.

Karpuz yazın Türk mutfağının baş tacıdır. Yol üzeri kamyonlarda, manavların tezgahlarında istifli karpuzlar insana «al beni» diye göz kırparlar. İş dönüşü yolda karpuz almak bir mecburiyettir. Yazın akşam yemeği, rakı sofrası kavun ve karpuzla kapatılır.

Dicle nehri kenarındaki kumsal arazide yetişen Diyarbakır karpuzu dünya çapında ünlüdür. Oval, büyük ve çok sulu olduğu için ağırdır. Karpuzun hasat zamanı temmuz, ağustos aylarıdır.

Wassermelonen, kauft Wassermelonen

Die Leute aus Kayseri sind gute Händler. Von ihrem kaufmännischen Geschick erzählt eine Geschichte. Einmal machte ein Reisender mit seinem Pferd in Kayseri Rast. Ein Einheimischer, der ihm zufällig begegnete, fragte ihn: «Kann ich irgendwie behilflich sein?» Der Reisende sagte: «Finde etwas, das sowohl mich als auch mein Pferd satt macht. Etwas, mit dem ich meinen Durst stillen kann und obendrein etwas zum Knabbern habe. Ich werde dich dafür belohnen», versprach er ihm. Der Bewohner von Kayseri brachte ihm eine Wassermelone und sagte: «Das Fruchtfleisch isst du selbst, es wird sowohl deinen Hunger als auch deinen Durst stillen. Die Schale gib deinem Pferd zu fressen. Und die Kerne sind für dich zum Knabbern.»

Die wilden Vorfahren der Wassermelone stammen aus Südafrika und gelangten über die Türkei nach Europa. Im 17. Jahrhundert war sie im Englischen als *Turkish gourd* (Türkischer Kürbis) oder *Turkie Coocomber* (Türkische Gurke) bekannt. Auf Französisch hieß sie *turquin*. Die deutschen Bezeichnungen Arbuse und Kürbis sind von *karpuz* abgeleitet.

Wassermelonen sind im Sommer der Favorit der türkischen Küche. Am Straßenrand stehen die Transporter und die Stände der Obst- und Gemüseverkäufer mit aufeinandergestapelten Wassermelonen, die den Passanten «Nimm mich» zurufen und ihnen zublinzeln. Auf dem Heimweg von der Arbeit ist es ein Muss, eine Wassermelone zu kaufen. Im Sommer beschließen Honig- und Wassermelone das Abendessen und die Rakı-Tafel.

Wassermelonen aus Diyarbakır, angebaut auf dem sandigen Boden des Tigris, sind weltberühmt. Sie sind oval, groß und aufgrund ihres hohen Wassergehalts schwer. Geerntet werden sie in den Monaten Juli und August.

Karpuz yazın habercisidir. «Karpuz kabuğunu görmeden denize girilmez» denir. Karpuz yemeyenler için yaz henüz gelmemiştir.

Pazarda satıcılar avaz avaz «karpuza gel karpuza», «seçmece, kesmece»* diye bağırırlar. Bazıları metafor olarak «elimi kestim», «kan akıyor» diye müşteriyi çekmeye çalışırlar. Türkiye'de pazarlar zaten bir metafor cennetidir.

Seçmece, karpuzu kendin seçebilirsin demektir. Ama karpuzun iyisini seçmek öyle kolay bir iş değildir. Ustalık, tecrübe, bilgi ve kulak ister, çünkü içiyle dışı farklıdır.

Karpuzun iyisini bir bakışta anlamanın sırları vardır. Eğer yeşil kabuğu parlaksa, hiç yanına yanaşma demektir. Parlak kabuk karpuzun ham olduğunu ele verir. İyi olgun karpuzun kabuğu mattır.

Karpuzun üzerinde örümcek ağına benzeyen kahverengi çizgiler, çok tatlı olduğuna işaret eder, bu çizgiler şekerin sızdığı yerlerdir.

Karpuz büyürken toprağa yattığı kısım açık sarı renklidir. Sarı renk ne kadar koyuysa, karpuz o kadar lezzetli demektir.

Karpuz seçmenin diğer bir yöntemi ise ona vurup çıkardığı sesi dinlemektir. Karpuz tok bir ses çıkarıyorsa, «ne duruyorsun, al beni» diyordur. Donuk bir ses veriyorsa, «bırak beni» anlamına gelir.

* Kesmeceden kasıt, pazarcılar karpuzdan küçük bir üçgen parça kesip müşteriye gösterirler.

Wassermelonen sind Vorboten des Sommers. «Bevor man eine Melonenschale gesehen hat, geht man nicht ins Meer», heißt es. Wer noch keine Wassermelone gegessen hat, für den ist der Sommer noch nicht gekommen.

Die Verkäufer auf dem Markt rufen aus voller Kehle: «Wassermelonen, kauft Wassermelonen», «Wählen Sie, testen Sie».* Manche wollen mit ihrer bilderreichen Sprache Käufer anlocken: «Ich hab mir in die Hand geschnitten», «Es fließt Blut». Die Obst- und Gemüsemärkte der Türkei sind ohnehin ein Metaphernparadies.

«Seçmece» bedeutet, dass man die Melone selbst aussuchen kann. Aber es ist gar nicht so leicht, eine gute Wahl zu treffen. Man braucht Geschick, Erfahrung, Sachverstand und ein gutes Ohr, denn vom Äußeren kann man nicht auf das Innere schließen.

Um die Qualität einer Wassermelone mit einem Blick zu erkennen, muss man ein paar Dinge wissen. Hat sie eine glänzende grüne Schale, sollte man lieber die Finger davon lassen. Eine glänzende Schale verrät, dass sie noch nicht reif ist. Bei einer richtig reifen Wassermelone ist die Schale matt.

Ein kaffeebraunes Muster auf der Schale, das aussieht wie ein Spinnennetz, ist ein Zeichen dafür, dass die Melone sehr süß ist. Die Linien sind die Stellen, an denen sich der Zucker konzentriert.

Wenn die Wassermelone wächst, verfärbt sich die Schale da, wo sie auf der Erde liegt, hellgelb. Je dunkler dieses Gelb ist, desto besser schmeckt die Melone.

Eine andere Methode, um eine Wassermelone auszuwählen, besteht darin, dass man sie beklopft und auf das Geräusch achtet. Bei einem hohlen, dumpfen Klang sagt die Melone: «Worauf wartest du, kauf mich». Ein stumpfer Klang bedeutet: «Lass mich liegen.»

* Die Händler schneiden ein kleines Dreieck aus der Melone heraus und zeigen es dem Kunden.

Karpuz boyutuna göre ne kadar ağırsa, o kadar sulu ve tatlıdır. İyi olgunlaşmış bir karpuz, daha bıçak değer değmez, kütür diye yarılır.

Çiftçiler uzun, oval karpuzları erkek, yuvarlak karpuzları ise dişi karpuz olarak sınıflandırırlar. Erkek karpuzlar sulu, dişi karpuzlar tatlı olurlar.

İçi ve dışı tezat renkte olan karpuz Türkiye'de siyasi literatüre de girmiştir. Söylediği ile yaptıkları farklı olan siyasetçiler için: «karpuz gibidir. Dışı yeşil, içi kırmızı. Kalbi de çekirdekleri gibi siyah» denir.

Je schwerer eine Wassermelone im Verhältnis zu ihrer Größe ist, desto saftiger und süßer ist sie. Wenn man eine perfekt reife Wassermelone mit dem Messer berührt, platzt sie mit einem knirschenden Geräusch auf.

Die Bauern klassifizieren lange, ovale Wassermelonen als männlich, runde als weiblich. Männliche Wassermelonen sind saftig, weibliche sind süß.

Der farbliche Kontrast zwischen dem Inneren und dem Äußeren der Wassermelone hat auch in den politischen Sprachgebrauch der Türkei Eingang gefunden. Über einen Politiker, der anders redet, als er handelt, sagt man: «Er ist wie eine Wassermelone, außen grün und innen rot. Und sein Herz ist so schwarz wie ihre Kerne.»

Hindi ve Türkler

Bugün Avrupa'da Türk mutfağı deyince, akla hemen döner kebap geliyor. Oysa Avrupa döner kebabı 1970'li yıllarda işçi göçüyle tanıdı. Türklerin Avrupa mutfağına etkisi ise çok daha eskilere dayanıyor.

İpek Yolu yüzyıllarca Doğu'dan Batı'ya tek ticaret yoluydu ve dünya ticaretinin ana damarıydı. İpek Yolu üzerindeki Türkler egzotik olan birçok ürün ve her şeyden önce de Hindistan'dan gelen baharat ticaretini ellerinde tutuyorlardı. Asya ile Avrupa arasında ticari köprü olan Osmanlı İmparatorluğu bu ürünlerden yüksek gümrük vergisi kesiyordu.

Kristof Kolomb, 1492 yılında Hindistan'a başka bir yoldan ulaşacağı inancıyla İspanya'dan Batı'ya hareket etti. Haiti'ye vardığında, hedefe ulaştığını sandı. Avrupa bu yeni kıtayı Batı Hindistan olarak adlandırdı.

Amerika'da «keşfedilen» yeni ürünler İspanya'dan hızla Mısır liman kenti İskenderiye'ye, oradan da Osmanlı İmparatorluğu'na ulaşıyordu. Avrupa bu yeni ürünleri Türkler üzerinden tanıdı ve onları Türklerle andı. Bu ürünlerin başında mısır, acı ve tatlı biber ile hindi geliyor.

Bir Meksika tavuğu olan hindiye İspanyol denizciler Hint tavuğu adını verdi. Türkler hint tavuğu sözcüğünü Türkçe'ye hindi olarak çevirdi. İngilizler ise Osmanlı tüccarları üzerinden tanıdıkları hindiye *Turkey-cock* (Türk horozu) veya *Turkey-hen* (Türk tavuğu) dedi. Avrupa'da yetiştirilen hindiler ise daha sonra hindinin

Der Truthahn und die Türken

Beim Stichwort türkische Küche fällt einem heute als Erstes Döner Kebap ein. Doch Döner Kebap wurde in Europa erst mit der Arbeitsmigration der 1970er Jahren bekannt. Der Einfluss der Türken auf die europäische Küche ist sehr viel älter.

Jahrhundertelang war die Seidenstraße der einzige Handelsweg von Ost nach West und die Hauptroute des Welthandels. Auf der Seidenstraße lag der Handel mit vielen exotischen Produkten und vor allem mit Gewürzen aus Indien in türkischer Hand. Das Osmanische Reich, das als Brücke des Handels zwischen Asien und Europa fungierte, erhob auf diese Waren hohe Zölle.

1492 segelte Christoph Kolumbus von Spanien aus nach Westen, um einen anderen Handelsweg nach Indien zu finden. Als er in Haiti ankam, glaubte er, sein Ziel erreicht zu haben. In Europa wurde der neue Kontinent Westindien genannt.

Die in Amerika «entdeckten» neuen Produkte gelangten von Spanien schnell in die ägyptische Hafenstadt Alexandria und von dort ins Osmanische Reich. Die Europäer lernten sie durch die Türken kennen und brachten sie deshalb mit den Türken in Verbindung. Zu diesen Produkten zählten insbesondere Mais, scharfe und milde Paprikaschoten sowie der Truthahn.

Dem Truthahn, einem aus Mexiko stammenden Huhn, gaben die spanischen Seefahrer den Namen «indisches Huhn». Die Türken übernahmen diese Bezeichnung als *hindi,* «aus Indien stammend». Die Engländer dagegen nannten den Truthahn *Turkey-cock* (türkischer Hahn) oder *Turkey-hen* (türkisches Huhn), weil sie ihn durch osmanische Kaufleute kennenlernten. Die in Europa gezüchteten

ana vatanı olan Atlantik ötesinde *turkey* adını aldı.

Avrupa yeni bitkilerden Amerika kökenli mısırı da Türkler aracılığıyla tanıma fırsatı buldu. 19'uncu yüzyıla kadar mısır İngiltere'de *Turkish wheat* (Türk buğdayı) adıyla anıldı. Almanlar tanımadığı bu ürüne *Türkisch Korn* (Türk tahılı) veya *Türkischer Weizen* (Türk buğdayı), İtalyanlar *granturco*, Hollandalılar *Turkse tarwe*, Fransızlar *blé de Turquie* ismini verdi. Türkler ise bu egzotik ürün Mısır üzerinden Osmanlı İmparatorluğu'na geldiği için mısır adını koydu.

Sığır etinin çemen, sarmısak ve kırmızı biberle baharatlanıp baskı altında tutularak hazırlandığı pastırma, Avrupa mutfağına *pressed beef*, Amerika'ya *pastrami* adıyla girdi. Pastırma sözcüğü *bastırmak* fiilinden alındı.

Osmanlı döneminde asker karavanası olan ve dana eti, soğan, kırmızı biberle pişirilen kul aşı, Avrupa'da *gulaşa* (Macarca *gulyás*) dönüştü. Gulaşın tarihi ise Macaristan ve biberle bağlantılı. Macaristan 16'ıncı yüzyılda Osmanlı hakimiyetine geçti. Macar tarihçilere göre Türkler bu süre boyunca orada sebze ve meyve bahçeleri kurdular. Biber, çeşitli meyve, çiçek ve baharat ürünleri yetiştirdiler.

Macarlar bu sayede çok farklı meyve, çiçek ve baharat ürünleriyle tanıştılar. Amerika kökenli kırmızı biber de 16'ıncı yüzyıl başından itibaren Avrupa'da Türk biberi olarak tanındı. Macarlar kırmızı bibere *török bors* (Türk biberi) dedi. Amerika kökenli *cucurbita* (sakız kabağı) için Alman botanikçi Leonhart Fuchs 1543 yılında yazdığı bitkisel kitabında *cucumis turcicus* (Türk hıyarı) adını kullandı.

Truthähne wurden später jenseits des Atlantiks, in ihrer eigentlichen Heimat, *turkey* genannt.

Zu den neuen Pflanzen aus Amerika zählte auch der Mais, den Europa gleichfalls über die Türken kennenlernte. Bis ins 19. Jahrhundert hinein hieß Mais in England *Turkish wheat*. Die Deutschen sagten Türkisch Korn oder Türkischer Weizen, die Italiener *granturco*, die Holländer *Turkse tarwe* und die Franzosen *blé de Turquie*. Die Türken wiederum nannten den Mais *mısır* («Ägypten»), weil die exotische Pflanze über Ägypten ins Osmanische Reich gelangt war.

Pastırma, mit Kreuzkümmel, Knoblauch und rotem Paprika gewürztes und gepresstes Rindfleisch, wurde in der europäischen Küche als *pressed beef* und in Amerika als *pastrami* bekannt. Das Wort Pastırma ist vom Verb *bastırmak*, pressen, abgeleitet.

Kul aşı («Diener-Essen»), das aus Kalbfleisch, Zwiebeln und roten Paprika zubereitete Kasernengericht der osmanischen Zeit, wurde in Europa zu Gulasch (ungarisch *gulyás*). Die Geschichte des Gulaschs wiederum ist eng mit Ungarn und den Paprikaschoten verbunden. Ungarn kam im 16. Jahrhundert unter osmanische Herrschaft. Ungarischen Historikern zufolge legten die Türken während dieser Zeit dort Gemüse- und Obstgärten an, in denen Paprika, alle möglichen Obstsorten, Blumen und Gewürze angebaut wurden.

Auf diese Weise lernten die Ungarn sehr unterschiedliche Früchte, Blumen und Gewürze kennen. Die aus Amerika stammende rote Paprika wurde seit Anfang des 16. Jahrhunderts in Europa *türkischer Pfeffer* genannt; die Ungarn sagten *török bors* (türkischer Pfeffer). Den aus Amerika stammenden Gartenkürbis (*cucurbita*) nannte der deutsche Botaniker Leonhart Fuchs in seinem Kräuterbuch aus dem Jahr 1543 *cucumis turcicus* (türkische Gurke).

Bugün halen özellikle Balkan ülkelerinde birçok meyve çeşidi Türkçe ismiyle biliniyor. Kayısının adı Bulgarca *kajsiya,* Romanca *caisă,* Hırvatça *kajsija,* Macarca *kajszi,* vişne Hırvatça *višnja* ve Rumence *vişină.*

Osmanlıda orkide kökünden yapılan salep 18'inci yüzyılda İngiltere ve Fransa sokaklarında aynı adla satılan içecekler arasındaydı. Yoksulların sabah içeceği olan salep daha sonra ama kahve ve çaya yenik düştü.

1683 Viyana Kuşatması'ndan ganimet kalan ay çöreği bugün Fransa'da Croissant («hilal»), Almanya'da Hörnchen, Avusturya'da Kipferl, İtalya'da Cornetto adıyla kahvaltıda çok sevilen bir çörek türü. Baklavada kullanılan yufkalar Avusturya'da Strudel'e gelişti.

Koz helvası Macaristan üzerinden Avusturya'ya *Türkischer Honig* (Türk balı) olarak girdi. Pirinç, süt ve şekerle yapılan, üzerine tarçın konulan sütlaç İtalya'da *riso turchesco* (Türk usulü pirinç) adını aldı.

Almanya patlıcanı 1970'li yıllarda işçi göçüyle tanıdı. Adının izi sürüldüğünde, bu bitkinin nasıl yayıldığını takip etmek mümkün. Hindistan kökenli olan bitkiye eski Hintçede *vatingana* deniyordu. İran'a girince *badingan* oldu. Türkler patlıcan adını verdi. Bedengen adıyla Araplar üzerinden 10'uncu yüzyılda İspanya'ya giren patlıcan, *berenjena* olarak ses değişimine uğradı. Katalanca *alberginia* adını alan patlıcan fransızcaya *aubergine* olarak girdi. Almanlar da aynı ismi kullandı.

Osmanlıların incir, erik, armut, şeftali, kayısı, üzüm, limon, gül, menekşe ve balla hazırladıkları, yaz için depolanan buz veya karla

Besonders in den Balkanländern tragen viele Obstsorten bis heute türkische Namen. Die Aprikose heißt bulgarisch *kajsiya*, rumänisch *caisă*, kroatisch *kajsija* und ungarisch *kajszi*. Die Sauerkirsche ist kroatisch *višnja* und rumänisch *vişină*.

Im Osmanischen Reich bereitete man aus Orchideenwurzeln ein heißes Getränk, *salep*, das im 18. Jahrhundert unter diesem Namen auf den Straßen Englands und Frankreichs verkauft wurde. Es war das morgendliche Getränk der Armen, bevor es von Kaffee und Tee verdrängt wurde.

Das bei der türkischen Belagerung Wiens 1683 als Beutegut zurückgelassene *ay* çöreği («mondförmiges Gebäck») ist heute in Frankreich als Croissant («Mondsichel»), in Deutschland als Hörnchen, in Österreich als Kipferl und in Italien als Cornetto ein beliebtes Frühstücksgebäck. Aus dem für Baklava verwendeten Yufka-Teig wurde in Österreich der Strudel.

Weißer Nougat kam als Türkischer Honig über Ungarn nach Österreich. Sütlaç, ein mit Zimt aromatisiertes Dessert aus Reis, Milch und Zucker, hieß in Italien *riso turchesco* (Reis nach türkischer Art).

Deutschland lernte die Aubergine erst in den 1970er Jahren durch die Arbeitsmigration kennen. Anhand ihres Namens lässt sich der Weg ihrer Verbreitung sehr genau verfolgen. Die Pflanze stammt ursprünglich aus Indien und hieß altindisch *vatingana*. Als *badingan* kam sie nach Persien. Die Türken nannten sie *patlican*. Mit den Arabern gelangte sie im 10. Jahrhundert als *bedengen* nach Spanien, wo sie durch einen Lautwandel zu *berenjena* wurde. Über das Katalanische *alberginia* wurde das Gemüse in Frankreich bekannt und hieß dort *aubergine*, eine Bezeichnung, die von den Deutschen übernommen wurde.

Aus Feigen, Pflaumen, Birnen, Pfirsichen, Aprikosen, Trauben, Zitronen, Rosen, Veilchen und Honig bereiteten die Osmanen *şerbet*, das sie im Sommer mit Eis oder Schnee aus

soğuttukları şerbet İtalyancaya *sorbetto* olarak uyarlandı. İtalya'dan Fransa ve İngiltere'ye geçti. Türk şerbeti zamanla Avrupa'da meyveli dondurmaya örnek oldu.

Etkileşim tek yönlü olmadı. Türk sofra kültürü batılılaştı. Türkler yuvarlak yer sofrasında bağdaş kurarak yemek yiyordu, ama Avrupalı konukları böyle bir sofra düzenine alışık değillerdi. Bacaklarına kramp giriyordu. Avrupa'yla ilişkisi olan varlıklı Türkler 18'inci yüzyılın ikinci yarısında Avrupa usulü masa kültürünü almaya başladı. Masa, sandalye, gümüş çatal bıçakların yanında, sadece altın işlemeli peçeteler ziyafete şark süsü veriyordu.

Saray bahçesinde düzenlenen davetlerde Batılı misafirler için Avrupalı garsonlar hizmet etti. Bahçede kurulan çadırlarda ise yine tamamen Osmanlı usulü yemek ve sofra düzeni devam etti. Yer sofrası zamanla yerini masaya bıraktı. Bugün sadece Anadolu'nun kırsal kesimlerinde, iftar, düğün gibi davetlerde yer sofrası geleneksel olarak kullanılıyor.

eigens angelegten Lagern kühlten. In Italien wurde daraus das *sorbetto*. Von dort wanderte es als *sorbet* nach Frankreich und England. Im Lauf der Zeit entwickelte sich aus dem türkischen *şerbet* in Europa das Fruchteis.

Die Beeinflussung verlief jedoch nicht nur in eine Richtung. Die türkische Tischkultur verwestlichte sich. Die Türken aßen mit überkreuzten Beinen an runden Bodentischen, doch ihre europäischen Gäste waren solche Tischsitten nicht gewöhnt und bekamen Krämpfe in den Beinen. In der zweiten Hälfte des 18. Jahrhunderts begann die türkische Oberschicht, die Beziehungen zu Europa pflegte, die europäische Tischkultur zu übernehmen. Sie hatten Tische, Stühle und Silberbesteck, und der einzige orientalische Schmuck bei ihren Banketten waren die goldbestickten Servietten.

Bei den Empfängen im Garten des Serail wurden westliche Gäste von europäischen Kellnern bedient. Die Speise- und Tischsitten in den im Garten aufgestellten Zelten dagegen folgten weiterhin osmanischen Gepflogenheiten. Mit der Zeit wurde der Bodentisch in der gesamten Türkei durch den Tisch verdrängt. Die Tradition des Bodentischs wird heute nur noch in ländlichen Gegenden Anatoliens beim Fastenbrechen, bei Hochzeiten oder ähnlichen Anlässen gepflegt.

Helmuth von Moltke: Sultan'ın misafirleri

Beyoğlu, 20 Mayıs 1836

Birkaç gün önce yine sultanın, daha doğrusu defterdarının misafiri idik. Tatlı Sular denen yerdeki büyük bir çayırlıkta, genç prenslerin sünneti vesilesiyle şenlik yapılıyordu. Kordiplomatik de davetli idi. Bu tam bir Türk şenliği olduğu için bize de hakiki bir Türk ziyafeti verildi. Tabiî çatal, bıçak ve şarap yoktu.

İlk yemek içi pirinç ve üzümle doldurulmuş bir kuzu kızartması idi. Herkes bir parça koparıyor ve parmaklarıyla pilâva dalıyordu. Arkasından un ve balla yapılmış bir tatlı olan helva geldi, sonra gene kızartma, gene tatlı, kimi sıcak, kimi soğuk, kimi ekşi, kimi tatlı, her yemek ayrı ayrı mükemmeldi; fakat bunların bir araya getirilişi bir Avrupalı midesi için anlaşılması zor bir tarzda idi ve şarap da yoktu. Dondurma yemeğin ortasında verildi. Nihayet, daima yemeğin sonunu anlatan pilâvı ısrarla istedik. Bunun arkasından da, üzerinde yemek yediğimiz büyük yuvarlak sininin üstüne bir çanak hoşaf, yani haşlanmış meyva kondu ve kaşıklanarak boşaltıldı.

Yemekten önce ve sonra el yıkanıyor. Sırma işlemeli Avrupalı üniformalarıyla diplomatları böyle bir sofrada görmek pek eğlenceli. Herkesin boynuna sanki tıraş olacakmış gibi, uzun, işlemeli bir peşkir bağlıyorlar, sonra adamı mukadderatına terkediyorlar. Çadırların önünde ip canbazları, Arap hokkabazlar, Ermeni hanendeler, Rum köçekler ve Ulan çalgıcılar vardı.

Helmuth von Moltke: Gäste des Sultans

Pera, den 20. Mai 1836

Vor einigen Tagen waren wir wieder die Gäste des Sultans oder vielmehr seines Defterdars oder Schatzmeisters. Man feierte auf einer großen Wiese, die süßen Wasser genannt, ein Volksfest wegen der Beschneidung der jungen Prinzen, zu welchem man auch das diplomatische Korps eingeladen hatte. Da diese Feier echt türkisch ist, so gab man uns auch ein echt türkisches Diner, natürlich ohne Messer und Gabeln und ohne Wein.

Den Anfang der Schüsseln machte ein gebratenes Lamm, inwendig mit Reis und Rosinen gefüllt. Jeder riss sich ein Stück ab und langte mit den Fingern hinein, dann folgte Helwa, eine süße Mehlspeise aus Honig, dann wieder Braten und wieder ein süßes Gericht, bald warm, bald kalt, bald sauer, bald süß. Jede einzelne Schüssel war vortrefflich, die ganze Kombination aber für einen europäischen Magen schwer begreiflich, und das alles ohne Wein. Das Eis wurde in der Mitte der Mahlzeit gegeben. Endlich forderten wir dringend den Pilaw, welcher stets den Beschluss der Mahlzeit macht. Dann wurde noch eine Schüssel Wuschaff oder ein Aufguss auf Obst auf die große runde Scheibe gestellt, an der wir aßen, und mit Löffeln geleert.

Vor und nach der Mahlzeit wäscht man sich. Es sah sehr possierlich aus, die Diplomaten in gestickten europäischen Uniformen an einer solchen Tafel zu sehen. Man band jedem ein langes, gesticktes Tuch um den Hals, als ob er barbiert werden sollte, und überließ ihn dann seinem Schicksal. Vor den Zelten waren Seiltänzer, arabische Gaukler, armenische Sänger, griechische Tänzer und walachische Musik. Abends ward ein Feuerwerk abge-

Geceleyin, Berlin'de Kreuzberg'de bu kadarı pekâlâ bulunabilecek havai fişekleri atıldı. Uçması gereken iki balon daha dolmadan yırtıldı. Eve döndüğümüz zaman oturup bir şişe şarap içtik. Bu arada Muhammed'e ve onun ümmetine candan acımaktan kendimizi alamadık.

Feldmareşal Helmuth von Moltke, *Moltke'nin Türkiye Mektupları*, çeviren Hayrullah Örs, Istanbul, Remzi Kitapevi, 1969, s. 54–55.

brannt, wie man es auf dem Kreuzberg bei Berlin ebenso gut sieht. Zwei Ballons, die aufsteigen sollten, rissen, ehe sie gefüllt waren. Als wir nach Hause kamen, setzten wir uns hin und tranken eine Flasche Wein, wobei wir Mohammed und seinen Bekennern unser aufrichtiges Mitleid nicht versagten.

Helmuth von Moltke, *Briefe über Zustände und Begebenheiten in der Türkei aus den Jahren 1835–1839*, Berlin 1841.

Helmuth von Moltke: Keyif etmek

Beyoğlu, 16 Haziran 1836

Derli toplu Türklerin en önemli işlerinden biri de (*keyif etmek*), yani asude ve rahat bir yerde kahve, tütün içmektir. Böyle bir yeri mola verdiğimiz köyde buldum. Bir çınar düşün ki dev gibi kollarını hemen hemen yüz ayak uzaklığa kadar dümdüz uzatmış olsun ve yakınındaki evler bunların karanlık gölgeleri altına gömülmüş bulunsun. Ağacın kökünü taştan küçük bir setle çevirmişler, bunun altındaki 27 lüleden kol kalınlığında su fışkırıyor ve kuvvetli bir dere meydana getiriyor. Türkler işte orada bağdaş kurmuş oturuyor ve – susuyorlar.

Feldmareşal Helmuth von Moltke, *Moltke'nin Türkiye Mektupları*, çeviren Hayrullah Örs, Istanbul, Remzi Kitapevi, 1969, S. 59.

Helmuth von Moltke: Relaxen

Pera, den 16. Juni 1836

Eine der wichtigsten Angelegenheiten der ehrlichen Türken ist, was sie Keif etmek, wörtlich Laune machen, nennen, d. h. an einem gemütlichen Ort Kaffee trinken und Tabak rauchen. Einen solchen Ort fand ich in dem Dorf, wo wir rasteten. Stelle Dir eine Platane vor, die ihre Riesenarme hundert Fuß weit fast waagrecht ausstreckt und unter deren dunklem Schatten die nächsten Häuser ganz begraben sind. Den Fuß umgibt eine kleine steinerne Terrasse, unter welcher aus 27 Röhren das Wasser armdick herausstürzt und einen starken Bach bildet. Da sitzen die Türken nun mit untergeschlagenen Beinen und – schweigen.

Helmuth von Moltke, *Briefe über Zustände und Begebenheiten in der Türkei aus den Jahren 1835–1839*, Berlin 1841.

Nuh'un çorbasından aşure tatlısına

Buğdaydan nohut ve kuru fasulyeye, kuru kaysıdan kuru incire, nar tanelerinden cevize, çam fıstığından portakal ve limon kabuğuna varıncaya kadar onlarca çeşit malzemeden oluşan aşurenin kökeni Nuh Tufanı'na kadar uzanıyor. Efsaneye göre Nuh'un gemisi tufandan kurtulup karaya oturduğu gün ambarda kalan yiyecekler bir kazanda toplanıp pişirilir. Bu aşureye Nuh'un çorbası denir. O zamanki aşure bir çorbadır, ama binlerce yıllık bu gelenek zamanla tatlıya dönüşmüştür.

Aşure sözcüğü Arapça on anlamına gelen aşara sözcüğünden alınmıştır. İslam inancına göre insanlık tarihini belirleyen büyük olaylar hicri takvimin ilk ayı olan muharremin onuncu günü meydana gelmiştir. Nuh'un gemisi bu gün, Güneydoğu Anadolu Bölgesi'ndeki Şırnak ilinin en yüksek dağı Cudi'de demirlemiş. Adem'in yasak meyveyi yedikten sonraki tövbesi kabul olmuş. İbrahim Peygamber ateşte yanmamış. Yakup Peygamber oğlu Yusuf'a kavuşmuş. Musa Peygamber Kızıldeniz'i ikiye ayırarak, İsrailoğullarını Mısır'da Firavun'un zulmünden kurtarmış. Eyüp Peygamber'in yaraları iyileşmiş. Yunus Peygamber balığın karnından çıkmış. İsa Peygamber dünyaya gelmiş ve aynı gün göğe yükselmiştir.

Türkiye'de muharremin onuncu günü aşure tatlısı pişirip komşulara, dost ve tanıdıklara dağıtmak adettendir. Aleviler ve Şiiler için muharrem ayı bir matem ayıdır. Muhammed Peygamber'in torunu Hüseyin, Emevi hükümdarı Yezid'e biat

Von Noahs Suppe zur Süßspeise Aşure

Aşure enthält Dutzende Zutaten, von Weizen, Kichererbsen und weißen Bohnen über getrocknete Aprikosen und Feigen, Granatapfelkerne, Walnüsse und Pinienkerne bis hin zu Orangen- und Zitronenschalen. Ihre Geschichte reicht zurück bis zu Noahs Sintflut. Der Legende nach sammelten die Bewohner der Arche Noah, als sie die Sintflut überlebt und festes Land erreicht hatten, alle noch übrig gebliebenen Nahrungsmittel und kochten sie in einem großen Topf. Diese Aşure wird «Noahs Suppe» genannt. Damals war Aşure eine Suppe, doch im Laufe einer jahrtausendelangen Überlieferung wurde daraus eine Süßspeise.

Das Wort *aşure* kommt vom arabischen *aschara* und bedeutet «zehn». Nach islamischem Glauben fanden prägende Ereignisse der Menschheitsgeschichte alle am zehnten Tag des Muharrem statt, des ersten Monats im islamischen Kalender. An diesem Tag landete die Arche Noah am Berg Dschudi, dem höchsten Berg in der südostanatolischen Provinz Şırnak. Gott verzieh dem Adam, dass er von der verbotenen Frucht gegessen hatte. Abraham wurde vor dem Verbrennen auf dem Scheiterhaufen bewahrt. Es kam zum Wiedersehen Jakobs mit seinem Sohn Josef. Moses teilte das Rote Meer und errettete damit die Israeliten aus der Knechtschaft durch den Pharao in Ägypten. Hiob wurde von seinen Wunden geheilt und Jonas aus dem Bauch des Wals gerettet. An diesem Tag wurde Jesus geboren und stieg in den Himmel auf.

In der Türkei ist es Brauch, am zehnten Tag des Monats Muharrem Aşure zu kochen und an Nachbarn, Freunde und Verwandte zu verteilen. Für Aleviten und Schiiten ist Muharrem ein Trauermonat. Am zehnten Tag des Muharrem (am 10. Oktober 680) wurde Hüseyin, der Enkel des

etmediği için muharremin onuncu günü (10 Ekim 680) onun ordusu tarafından bugün Irak'taki Kerbela'da yenilerek, öldürülmüştür. Aleviler bu günün anısına 12 gün matem orucu tutar ve ardından aşure günü düzenlerler. Hayatın devam ettiğine şükretmek ve barışmak anlamında aşure tatlısı pişirirler. Hiçbir hayvansal malzeme içermeyen aşure şiddetin de reddi anlamına gelir.

Propheten Muhammed, in Kerbela im heutigen Irak von den Truppen des Umayyadenherrschers Yezid, dem er sich nicht unterwerfen wollte, besiegt und getötet. Zur Erinnerung daran trauern und fasten die Aleviten 12 Tage lang und begehen dann den Aşure-Tag. Sie bereiten Aşure zum Dank für das Leben und als Zeichen der Versöhnung. Dass die Speise keine tierischen Zutaten enthält, steht für die Ablehnung von Gewalt.

Sultanların gözde yemeği mantı

Kıyma, mercimek, nohut, patates. Kuru soğan, reyhan, kekik, karabiber, pul biber, sumak, sarmısak, tuz, kızgın tereyağı ve nane. Çok ince açılmış, kare hamur parçacıkları. Yoğurt ve domates salçası.

Kıyma baharatlarla çeşnilendirilip, hamur karelerin içine doldurulur. Muska ya da bohça şeklinde kapatılır. Bu içi dolgulu hamur parçaları suda haşlanır. Suyu süzülerek servis tabağına alınır. Üzerine sarmısaklı yoğurt konulur, nane, domates sosu ve pulbiberle kızartılmış kızgın tereyağı üzerinde gezdirilip servis edilir. Türk mutfağının çok sevilen yemeği mantı bu.

Ama mantının sırrı parmaklarda saklıdır. Çok zahmetli bir yemektir. Hamurun çok ince açılması ve karelerin içinin doldurulup kapatılması el becerisi ister. Kadınlar bunu yaparken tüm marifetlerini sergilerler. Mantının en meşhur olduğu Kayseri'de gelin adaylarına mantı yaptırırlar. Hamur ne kadar ince, mantı ne kadar küçükse, gelin adayı o kadar nazik ve hünerli sayılır. Ölçüsü bir şimşir kaşığa kırk tane mantı sığmasıdır.

Mantı 15'inci yüzyılda Osmanlı Saray mutfağının baş yemekleri arasındadır. Sultanların gözde yemeğidir. Fatih Sultan Mehmet'in kahvaltısında mantı eksik olmaz. 16'ıncı yüzyılda II. Beyazid döneminde mantı Topkapı Sarayı'nın sonbahar yemekleri listesindedir. Kuzu kıyması yerine daha çok Balkan Dağları, Meriç ve Tuna

Mantı, die Leibspeise der Sultane

Hackfleisch, Linsen, Kichererbsen, Kartoffeln. Zwiebeln, Basilikum, Oregano, schwarzer Pfeffer, Chiliflocken, Sumach, Knoblauch, Salz, gebräunte Butter und Minze. Hauchdünn ausgerollter Teig, in Quadrate geschnitten. Joghurt und Tomatensauce.

In die Mitte jedes Teigquadrats ein wenig von der gewürzten Hackfleischfüllung setzen. Zu einer dreieckigen Teigtasche (*muska*) falten und die Seiten fest zusammendrücken oder vier Ecken lose zusammenfügen, zu einem runden Bündel (*bohça*) formen und im Wasser sieden. Abgießen und auf eine Servierplatte legen. Knoblauchjoghurt darüber geben, gebräunte Butter mit Minze, Tomatensauce und Chiliflocken darauf träufeln und servieren. Das sind die heißgeliebten Mantı der türkischen Küche.

Doch das Geheimnis der Mantı liegt in den Fingern. Es ist ein sehr aufwändiges Gericht. Um den Teig möglichst dünn auszurollen, die Teigquadrate zu füllen und zusammenzufügen, braucht man Fingerfertigkeit. Dabei zeigen die Frauen ihr ganzes Geschick. In Kayseri, das für seine Mantı berühmt ist, lässt man heiratsfähige Mädchen das Gericht zubereiten, um zu prüfen, ob sie die richtigen Bräute sind. Wer den Teig besonders dünn ausrollt und sehr kleine Teigtaschen formt, gilt als besonders aufmerksam und geschickt. In einen Holzlöffel müssen vierzig Mantı passen.

Mantı zählten zu den Hauptgerichten der osmanischen Palastküche des 15. Jahrhunderts. Sie waren die Leibspeise der Sultane. Auf dem Frühstückstisch von Sultan Mehmet dem Eroberer durften Mantı nicht fehlen. Zur Zeit Beyazids II. im 16. Jahrhundert standen sie im Herbst auf der Speisekarte des Topkapı-Palastes. Statt mit Lammhackfleisch wurden sie mit dem Fleisch von Wildvögeln gefüllt, die in

nehri kıyısında avlanan yabani kuş etleri doldurulur.

Mantının kökeni hakkında farklı bilgiler var. Bazı araştırmacılara göre mantı, Çin-Kore kökenli *mantou* sözcüğünden gelir. Mantou Çincede suda pişirilmiş yemek demektir. Mantou İpek Yolu üzerinden Orta Asya'ya, oradan Moğollar ve Türkler aracılığıyla Anadolu'ya taşınmıştır. Anadolu'da mantı adını almıştır.

Bazıları ise mantının Uygur kökenli olduğunu düşünür. Türk ve Moğol atlıları yanlarında kurutulmuş mantı taşırlar. Bu hazır mantıları yolda ateş yakarak kolayca suda haşlayıp yerler.

Bir başka bilgiye göre Kore mutfağındaki mandu yemeği 14'üncü yüzyılda Moğollar tarafından Kore'ye götürülmüştür. Bazıları ise mantının Orta Doğu mutfağına ait olduğuna, oradan İpek Yolu üzeri Çin ve Kore'ye yayıldığına inanır.

Türkiye'de bugün yöreye göre değişen, buharda, suda ya da tepside pişirilen 30'un üzerinde mantı çeşidi var. Kıyma yerine mercimek, nohut, patates kullanılan çeşitleri bulunmakta.

Türkçe mantı, Çince wonton, Korece mandu, Japonca gyoza, Hindistan'da samosa, Rusça pelmeni, Ukrayna'da vareniki, Kafkasya'da hingel, Moğolistan'da buuz, Arapça şişbarak, İsrail'de kreplach, İtalya'da tortellini ya da ravioli, Almanya'da Maultaschen, Polonya'da pierogi aynı kökenden gelir. Coğrafyaya göre değişerek zenginleşmiştir. Mantı küreselleşme öncesi de dünyanın aslında bir köy olduğunun kanıtıdır.

den Balkanbergen und am Ufer der Flüsse Meriç und Donau gejagt wurden.

Zur Herkunft der Mantı gibt es verschiedene Theorien. Einigen Forschern zufolge ist das Wort vom chinesisch-koreanischen *mantou* abgeleitet. Im Chinesischen bedeutet *mantou* «in Wasserdampf Gegartes». Mantou sollen auf der Seidenstraße nach Zentralasien und von dort mit den Mongolen und Türken nach Anatolien gelangt sein, wo sie *mantı* genannt wurden.

Andere meinen, Mantı hätten uigurische Wurzeln. Türkische und mongolische Reiter führten getrocknete Mantı mit sich. Die fertigen Teigtaschen wurden unterwegs auf offenem Feuer in Wasser gekocht und verzehrt.

Wieder eine andere Theorie besagt, dass die Mandu der koreanischen Küche im 14. Jahrhundert mit den Mongolen nach Korea kamen. Einige gehen davon aus, dass die gefüllten Teigtaschen Teil der zentralasiatischen Küche waren und sich von dort aus auf der Seidenstraße in China und Korea verbreiteten.

In der Türkei kennt man heute mehr als 30 Zubereitungsarten, die je nach Region gedämpft, im Wasser gekocht oder auf einem Blech im Ofen gebacken werden. Statt mit Hackfleisch kann man Mantı auch mit Linsen, Kichererbsen oder Kartoffeln füllen.

Die türkischen Mantı, chinesischen Wantan, koreanischen Mandu, japanischen Gyoza, indischen Samosa, russischen Pelmeni, ukrainischen Wareniki, kaukasischen Hingel, mongolischen Buuz, arabischen Schischbarak, israelischen Kreplach, italienischen Tortellini und Ravioli, deutschen Maultaschen und polnischen Pierogi haben alle denselben Ursprung. Jedes Land hat das Gericht abgewandelt und bereichert. Gefüllte Teigtaschen sind der Beleg dafür, dass die Welt schon vor der Globalisierung ein Dorf war.

Hamsi koydum tavaya

Nasreddin Hoca yolculuk sırasında acıkır. Bir hana girer. Aynı anda bir müşteri daha gelir. İkisi de yemek ister. Hancı, «sadece bir balığım kaldı. Aranızda paylaşın» der. Hoca, «ben sadece balığın kafasını istiyorum» diye cevap verir. Hancı, «neden sadece kafası» diye sorar. Hoca, «balık kafası zekayı artırır. Yiyen akıllı olur» der. Bunu duyan ikinci müşteri, «hayır balığın kafasını ben istiyorum» diye çıkışır. Hoca hiç sesini çıkarmaz. Balığın başını yiyen müşteri doymaz. Hocaya döner, «sen balığın gövdesini yedin karnını doyurdun, ben sadece kafasını yedim ve aç kaldım» diye seslenir. Hoca, «bak şimdi nasıl akıllandın» der.

Üç tarafı denizle çevrili Türkiye'de balık Türk mutfak kültüründe önemli rol oynar. Balık daha çok büyük kentler ve sahil bölgelerinde tüketilir. İstanbul, İzmir ve Ankara'da kişi başı yıllık balık tüketimi 16 kilo, Karadeniz'de 25 kilo, Doğu ve Güneydoğu Anadolu bölgelerinde ise bir kilodur.

Türkiye'de en çok tüketilen balık türü hamsidir. Fiyatı uygun, pişirmesi kolaydır. Parmak boyundaki hamsi Karadeniz mutfağının simgesidir. En çok tavası ve buğulaması yenir. Ama Karadenizliler hamsiden köfteye, salataya, hamsi turşusuna, pilava, poğaçaya, böreğe, ekmeğe ve tatlısına varıncaya kadar onlarca çeşit yemek yaparlar.

Neşeli Karadenizliler için hamsi herşeydir. Şifalıdır, hastalıklara devadır, erkeklik gücünü artırır. Hamsi onlar için balık sayılmaz. Sahildeki

Ich hab die Sardellen ins Pfännchen gelegt

Nasreddin Hodscha ist auf Reisen und bekommt Hunger. Er betritt einen Gasthof. Mit ihm zusammen trifft ein weiterer Gast ein, der auch etwas essen möchte. «Ich habe nur noch einen Fisch», sagt der Gastwirt, «ihr müsst ihn euch teilen.» Darauf der Hodscha: «Ich möchte nur den Fischkopf.» Fragt der Wirt: «Warum nur den Kopf?» Der Hodscha: «Der Fischkopf schärft die Intelligenz. Wer ihn isst, wird klug.» Als der zweite Gast das hört, sagt er: «Nein, den Fischkopf will ich haben.» Der Hodscha erwidert nichts. Vom Fischkopf allein wird der Gast nicht satt. Er wendet sich an den Hodscha: «Du hast den Fisch gegessen und bist satt geworden, ich hatte nur den Kopf und bin immer noch hungrig.» Darauf der Hodscha: «Siehst du, wie klug du geworden bist?»

Die Türkei ist auf drei Seiten vom Meer umgeben, daher spielt in der türkischen Küche Fisch eine wichtige Rolle. Fisch wird vor allem in Großstädten und in den Küstenregionen konsumiert. In Istanbul, Izmir und Ankara liegt der jährliche Pro-Kopf-Verbrauch bei 16, am Schwarzen Meer bei 25, in Ost- und Südostanatolien aber nur bei einem Kilo.

Der in der Türkei meistverzehrte Fisch ist die Sardelle. Sie ist preiswert und lässt sich einfach zubereiten. Die Sardelle, nicht größer als ein Finger, ist der Inbegriff der Schwarzmeerküche. Sardellen werden hauptsächlich in der Pfanne gebraten oder gedünstet. Doch die Bewohner der Schwarzmeerregion bereiten daraus Dutzende so unterschiedliche Speisen wie Fischbällchen, Salat, marinierten Fisch, Reisgerichte, Hefe- und Blätterteiggebäck, Brot und Süßspeisen.

Für die fröhlichen Schwarzmeerbewohner sind Sardellen alles: bekömmlich, ein Mittel gegen Krankheiten und zur Stärkung der Manneskraft. Sie zählen Sardellen nicht zu den Fischen. Über Schilder in den Restaurants am Meer mit

restoranlarda «hamsi var, balık da var» yazısına sadece bilmeyenler şaşırır.

17'nci yüzyıl Osmanlı gezi yazarı Evliya Çelebi'ye göre Karadenizliler iskeleye hamsi teknesi yanaşınca, camide imamla birlikte namazı bozup hamsi almaya koşarlar. «Namaz bulunur, ama hamsi her zaman bulunmaz» derler.

Hamsi avını kemençelerle ve dualarla, kurban keserek açarlar. Gülünç hamsi fıkraları vardır. Hamsi türküleriyle oynarlar:

Hamsi koydum tavaya da
Başladı oynamaya
Açtım baktım hamsi yok da
Başladım ağlamaya …

İstanbul hallerinde en çok satılan balık sıralamasında hamsi yüzde 43 ile başı çeker. Hamsiyi sırasıyla istavrit, levrek, çupra, lüfer, mezgit, palamut, uskumru, tekir ve sardalya izler.

der Aufschrift «Sardellen und Fisch» wundern sich nur die Unwissenden.

Der osmanische Reiseschriftsteller Evliya Çelebi aus dem 17. Jahrhundert berichtete, dass, wenn ein Boot mit Sardellen anlegte, die Schwarzmeerbewohner und der Imam ihr Gebet in der Moschee unterbrachen und hinliefen, um Sardellen zu kaufen. «Beten kann man immer, Sardellen gibt es nicht immer», sagten sie.

Die Sardellensaison wird mit den Klängen der dreisaitigen Geige Kemençe, mit Gebeten und der Opferung eines Schafs eröffnet. Es gibt viele Witze, in denen Sardellen eine Rolle spielen, und man tanzt zu Liedern über die Sardelle:

Ich hab die Sardellen ins Pfännchen gelegt
Da haben sie zu tanzen begonnen.
Ich hob den Deckel, doch das Pfännchen war leer.
Da hab ich zu weinen begonnen …

Auf dem Istanbuler Fischmarkt sind Sardellen mit 43 Prozent des Verkaufs Spitzenreiter, gefolgt von Bastardmakrele, Wolfsbarsch, Dorade, Blaubarsch, Merlan, Kleiner Bonito, Makrele, Streifenbarbe und Sardine.

Türkiye'de hangi ayda hangi balık yenir

Kış aylarında en çok Karadeniz balığı hamsi ve torik, izmarit, uskumru, kırlangıç ve çinekop tüketilir. Torik balığının tavası, ızgarası, fırında güveci ve pilakisi makbuldür. İzmarit, çinekop ve uskumru ızgara, tava ve fırın balığıdır. Ocak eylül ayları arasında tüketilen Marmara balığı kırlangıçın çorbası yapılır.

Bahar mevsiminin en leziz balıkları mezgit, kalkan ve izmarittir. Mezgitin tavası ve domatesli sotesi lezzetlidir. Karadeniz balığı olan kalkanın ise hem tava hem ızgara hem de buğulaması tavsiye edilir.

Sardalya, palamut, çupra, lagos ve trança yaz mevsimi balığıdır. Bir Akdeniz balığı olan çupra genelde ızgara olarak sevilir. Akdeniz ve Karadeniz'de yaşayan palamut büyüdükçe yağlı olur. Izgarası, fırınlaması ya da buğulaması daha çok tercih edilir. Ege ve Akdeniz balığı olan trança çorbaya uygundur. Akdeniz balığı lagosun buğulaması, fırınlaması, tavası ve ızgarası yapılır.

Sonbahar mevsiminin en iyi balık türleri lüfer, levrek, barbunya ve kılıçtır. En iyi lüferler Boğaz'da çıkar. Lüferin ve levreğin ızgarası tercih edilir. Ege ve Akdeniz balığı barbunya (halk dilinde barbun) yağsız olduğu için tavada kızartılır, ama fırınlaması ve güveci de çok lezzetlidir. Marmara ve Karadeniz balığı olan kılıç ızgarada en iyi tat verir.

Sahil kıyılarında balıkçılar teknede taze balık ve istakoz satarlar. Onlardan taze balık alıp belir-

In welchem Monat isst man in der Türkei welchen Fisch?

In den Wintermonaten werden vor allem Fische aus dem Schwarzen Meer konsumiert wie Sardellen und Großer Bonito, Schnauzenbrasse, Makrele, Knurrhahn und Blaubarsch. Großer Bonito wird gern in der Pfanne, im Ofen als Schmortopf und mit Gemüse in Öl zubereitet oder auch gegrillt. Schnauzenbrasse, Blaubarsch und Makrele werden auf dem Grill, in der Pfanne oder im Ofen zubereitet. Zwischen Januar und September kocht man mit Knurrhahn aus dem Marmarameer eine Fischsuppe.

Die schmackhaftesten Fische im Frühjahr sind Merlan, Steinbutt und Schnauzenbrasse. Merlan brät man in der Pfanne oder dünstet ihn mit Tomaten. Steinbutt, einen Mittelmeerfisch, kann man in der Pfanne braten, grillen oder dünsten.

Sardinen, Kleiner Bonito, Dorade, Zackenbarsch und Heilbutt sind Sommerfische. Die Dorade aus dem Mittelmeer wird gern gegrillt. Der im Mittelmeer und im Schwarzen Meer lebende Kleine Bonito ist umso fetter, je größer er ist, und wird meist gegrillt, im Ofen zubereitet oder gedünstet. Heilbutt aus Ägäis und Mittelmeer eignet sich gut für Suppe. Zackenbarsch aus dem Mittelmeer wird gedünstet, im Ofen, in der Pfanne oder auf dem Grill zubereitet.

Die besten Fische im Herbst sind Blaubarsch, Wolfsbarsch, Rotbarbe und Schwertfisch. Den besten Blaubarsch gibt es im Bosporus. Blau- und Wolfsbarsch werden vorzugsweise gegrillt. Da Rotbarben (umgangssprachlich *barbun*) aus Ägäis und Mittelmeer nicht fett sind, brät man sie in der Pfanne, aber auch im Ofen und als Schmortopf zubereitet schmecken sie gut. Schwertfisch aus dem Marmarameer und dem Schwarzen Meer ist gegrillt am besten.

An den Küsten verkaufen Fischer vom Boot aus frische Fische und Hummer. In manchen Restaurants kann man diese fangli restoranlarda pişirtmek, yanında şarap ve salata almak mümkün.

Restoranlarda elbette deniz balığı yanında kültür balığı çeşitleri de sunulmaktadır.

frischen Fische zubereiten lassen und dazu Wein und Salat bestellen.

In Restaurants wird natürlich nicht nur Meeresfisch, sondern auch gezüchteter Fisch angeboten.

İmamı bayıltan yemek

Patlıcansız, kuru soğansız, bibersiz ve domatessiz bir Türk mutfağı düşünülemez. Avrupa'da Türk mutfağı deyince, akla sarmısak gelir. Aslında yanlış bir kanıdır bu. Elbette Asya kökenli sarmısak genel olarak Akdeniz mutfağında olduğu kadar Türk mutfağında da önemli bir yer tutar, ama Türk mutfağına sarmısaktan daha çok kuru soğan hakimdir.

Soğan hemen her sebzeye uyar ve et yerine de kullanılabilir. Bunun en güzel örneği imam bayıldı yemeğidir. İmam bayıldı bir döner kadar olmasa bile, Türkiye sınırları dışında en çok tanınmış Türk lezzetidir. Malzemesi patlıcan, kuru soğan, domates, yeşil biber ve sarmısak olan imam bayıldı yaz günlerinin gözde yemeğidir. Soğanı ne kadar bolsa, o kadar lezizdir.

İmam bayıldı görünüş itibariyle kıymayla yapılan karnıyarık yemeğini andırır. İmam bayıldının karnıyarıktan farkı kıyma yerine bol soğan ve zeytinyağlı olmasıdır.

İsminden dolayı acaba imam niçin bayıldı diye merak edilir. Bu soruya cevap olarak farklı hikayeler anlatılır.

Bir din adamı olan imamlar saygın kişilerdir. Köy ya da mahalle sakinleri için imamları misafir etmek bir onurdur. Onlara en iyi yemekler pişirilir. Bu yüzden imamlar ağızlarının tadını iyi bilirler.

Bir anlatıya göre boğazına düşkün bir imam bir eve davetsiz misafir olarak gelir. Evde imamı ağırlamak için ne et vardır ne de kıyma. Evin hanımı hızla bir şeyler yaratması gerektiğini anlar. Mutfakta var olan patlıcanları çıkarıp

Das Gericht, das den Imam umhaute

Ohne Auberginen, Zwiebeln, Paprika und Tomaten ist die türkische Küche gar nicht vorstellbar. In Europa meint man, ihr Hauptbestandteil sei Knoblauch, aber diese Vorstellung ist falsch. Gewiss, der aus Asien stammende Knoblauch spielt in der türkischen Küche wie in der Mittelmeerküche allgemein eine große Rolle, aber für türkische Gerichte ist die Zwiebel sehr viel wichtiger als der Knoblauch.

Zwiebeln passen zu fast jedem Gemüse und können anstelle von Fleisch verwendet werden. Das schönste Beispiel ist das Gericht *Der Imam fiel (vor Begeisterung) in Ohnmacht*. Wenngleich nicht im selben Maß wie Döner ist Imam bayıldı das außerhalb der Türkei bekannteste türkische Gericht. Mit den Zutaten Auberginen, Zwiebeln, Tomaten, grünen Paprika und Knoblauch ist es ein beliebtes Sommeressen. Je mehr Zwiebeln drin sind, desto besser schmeckt es.

Der Imam fiel in Ohnmacht ähnelt den Karnıyarık («aufgeschlitzter Bauch») genannten, mit Hackfleisch gefüllten Auberginen, nur dass hier anstelle von Hackfleisch jede Menge Zwiebeln und Olivenöl verwendet werden.

Der Name des Gerichts wirft die Frage auf, warum der Imam eigentlich so begeistert war. Es kursieren verschiedene Geschichten, die sie beantworten.

Als Geistlicher ist der Imam eine Respektsperson, und für die Bewohner eines Dorfes oder eines Stadtteils ist es eine Ehre, einen Imam zu bewirten. Für ihn kocht man die besten Speisen. Deshalb sind Imame Feinschmecker.

Einer Version der Geschichte zufolge kommt ein Imam, der für sein Leben gern isst, als nicht geladener Gast in ein Haus. Doch es gibt weder Fleisch noch Hackfleisch, um ihn zu bewirten. Der Hausfrau ist klar, dass sie improvisieren muss. Sie holt die Auberginen, die sie vorrätig hat, heraus,

alaca soyar. Onları bol tuzlu su dolu kaba yatırır. Bununla patlıcanların acı siyah suyunun çıkmasını sağlar. Patlıcanlar suda yatarken, soğanları doğrar ve ikiye böldüğü sarmısak dişleriyle birlikte tavada zeytinyağında kavurur. Soğanlar ölünce, içine kabukları soyulmuş, çekirdekleri alınmış, ufak doğranmış domates ve sivri biberleri katar. Kavurmaya devam eder. Domatesler pelteleşmeden ateşi kapatır. Üzerine tuz ve bol karabiber eker.

Tuzlu sudaki patlıcanları çıkarıp yıkar ve kurular. Patlıcanlara yukarıdan aşağı bir kesik atar. Onları zeytinyağıyla rengi değişene ve yumuşayıncaya kadar kızartır, sonra çıkartıp bir kağıdın üzerine koyar. Patlıcanlar soğuduktan sonra kesiği bir kaşıkla açar. Patlıcanları birer kayık haline getirir. Karnı açılmış patlıcanların ortasına soğanlı domatesli içi doldurur. Üzerine ince domates dilimleri ve sivri biber koyup fırına sürer. Domates ve biberler kızarıncaya kadar pişirir. Sonra fırından çıkarıp üzerine az miktarda sızma zeytinyağı gezdirir. Sofraya servis eder. İmam yemeğin lezzetinden bayılır.

schält sie streifig und legt sie in eine mit Salzwasser gefüllte Schüssel, um ihnen den bitteren schwarzen Saft zu entziehen. Während die Auberginen im Wasser liegen, schneidet sie Zwiebeln klein und brät sie mit den längs halbierten Knoblauchzehen in einer Pfanne mit Olivenöl. Sobald die Zwiebeln glasig sind, gibt sie geschälte, entkernte und klein geschnittene Tomaten und lange grüne Paprikaschoten hinzu und dünstet die Mischung weiter. Bevor die Tomaten verkocht sind, macht sie den Herd aus. Sie würzt mit Salz und viel schwarzem Pfeffer.

Sie nimmt die Auberginen aus dem Salzwasser, wäscht und trocknet sie, schlitzt sie der Länge nach auf und brät sie in Olivenöl, bis sie leicht gebräunt und weich sind. Dann nimmt sie sie heraus und legt sie auf ein Küchentuch. Sobald sie abgekühlt sind, klappt sie den aufgeschlitzten Bauch der Auberginen mit einem Löffel so auf, dass sie aussehen wie kleine Boote. In den geöffneten Bauch füllt sie die Zwiebel-Tomaten-Mischung. Obendrauf legt sie dünne Tomatenscheiben und lange Paprikaschoten und schiebt das Ganze in den Ofen, bis die Tomaten und Paprika Farbe annehmen. Sie nimmt die Auberginen heraus, träufelt etwas kalt gepresstes Olivenöl darüber und serviert sie. Das Essen schmeckt so köstlich, dass der Imam vor Begeisterung in Ohnmacht fällt.

Tatlıların yıldızı baklava

Türk mutfağı tatlı zenginidir. Kavrulmuş fındık, fıstık, ceviz, bademle çeşnilendirilen hamur tatlıları. Tarçın, gül suyu, karanfil, narla tadlandırılan sütlü tatlılar. Zerdeçal ve safranlı zerde tatlısı ... O kadar çok tatlı çeşidi vardır ki, dükkanlar baklavacılar ve muhallebiciler olarak ayrılmıştır.

Baklava ise hamur tatlıların yıldızıdır. Kağıttan daha ince 40 kat yufkadan oluşur. Yufkaların arasına tereyağı sürülerek yöreye göre Antep fıstığı, fındık, ceviz, badem doldurulur. Şeker şerbeti ile tatlandırılır.

Baklava sadece Türkiye değil, Ortadoğu, Güney Asya, Balkanlar ve Doğu Akdeniz mutfaklarında da kök salmıştır. Bu coğrafyada baklavanın kime ait olduğu konusunda bir kültür savaşı hakimdir. Hepsi baklavayı kendi geleneksel tatlısı olarak görür.

Yunanlılara göre baklava bir Bizans tatlısıdır. Bazılarına göre baklavanın kökeni Orta Asya'dır. Amerikalı yemek tarihçisi Charles Perry'ye göre Türk ekmeği yufkadan yapılan baklava göçebe Türklere aittir. Onlar sac üzerinde yaptıkları ince yufka ekmeğin arasına doğada buldukları fındık, fıstık gibi ürünler, meyveler, bal ve kaymak koyarak baklavayı geliştirmişlerdir.

Türk dil bilimcilere göre baklava sözcüğü de Türkçe kökenlidir. *Baklağu, baklağı* sözcüklerinden türemiştir. Bağlamak, sarmak anlamına gelir. AB Komisyonu da 2013'te baklavanın bir Türk tatlısı olduğunu tescil etmiştir.

Baklava, der Star unter den Süßspeisen

Die türkische Küche ist reich an Süßspeisen. Süßes Gebäck wird mit gerösteten Haselnüssen, Pistazien, Walnüssen und Mandeln zubereitet. Zimt, Rosenwasser, Gewürznelken und Granatapfelkerne geben Milchdesserts ihr Aroma. Zerde wird mit Kurkuma und Safran gewürzt … Die Vielfalt ist so groß, dass Blätterteiggebäck (Baklava) und Cremedesserts in getrennten Läden verkauft werden.

Unter den süßen Backwaren jedoch ist Baklava der Star. Es besteht aus 40 Schichten Teigblättern, die dünner sind als Papier. Dazwischen kommt Butter und je nach Region eine Füllung aus Pistazien, Haselnüssen, Walnüssen oder Mandeln. Das Ganze wird mit Zuckersirup gesüßt.

Baklava hat nicht nur in der türkischen Küche, sondern auch im Nahen Osten, in Südasien, auf dem Balkan und im östlichen Mittelmeerraum Wurzeln geschlagen. In diesen Regionen herrscht ein Kulturstreit über die Frage der Herkunft des süßen Gebäcks. Jedes Land beansprucht es als Teil seiner eigenen Tradition.

Für die Griechen ist Baklava eine Süßspeise aus byzantinischer Zeit. Andere sagen, es stamme ursprünglich aus Zentralasien. Nach Ansicht des amerikanischen Ernährungshistorikers Charles Perry bereiteten die türkischen Nomaden Baklava aus Fladenbrot, dem Yufka. Zwischen das auf einer Metallplatte gebackene dünne Yufka-Brot legten sie alles, was sie in der Natur fanden: Haselnüsse, Pistazien, Früchte, Honig und dicken Rahm und kreierten auf diese Weise das Baklava.

Türkischen Sprachwissenschaftlern zufolge ist sogar das Wort *baklava* türkischen Ursprungs und von *baklağu, baklağı* abgeleitet, das so viel wie verbinden, einwickeln bedeutet. 2013 wurde Baklava von der EU-Kommission als geschützte türkische Süßspeise registriert.

Baklavanın kökeni ister antik Yunan, ister Bizans, ister Türkler ya da Araplar olsun, günümüzdeki baklava Topkapı Sarayı'nda şekillenmiştir. Gerçi baklava Osmanlı İmparatorluğu'nun her yöresinde tanınıyordur, ama 15'inci yüzyılda saraylı olmuştur. Sarayda verilen davetlerde, ziyafet, resmi kabul ve merasimlerde «tatlıların padişahı» olarak sunulmuştur.

Osmanlı sultanları oğullarının sünnet düğünlerinde halka baklava ziyafeti vermiş, Ramazan'ın tam ortasında askeri bir törenle Yeniçeri Ocağı'na baklava ikram etmiştir. İstanbul halkı için «Baklava Alayı» geçidi şatafatlı bir eğlence gösterisine dönüşmüştür.

Baklava yapımı çok büyük ustalık ister. Osmanlı döneminde aşçı ustası adayları uygulamalı baklava sınavından geçer. Aşçı adayının tepsiye 100 kat yufka sığdırması gerekir. Tepsi fırına verilmeden önce 50–60 cm yükseklikten metal bir para bırakılır. Metal para tüm katmanları delerek, tepsiye tıklamazsa, aday sınavı geçemez.

Baklavacılık zamanla aşçılıktan ayrılıp başlı başına bir meslek olarak gelişmiştir. Bugün Gaziantep baklavasıyla meşhurdur. Ününü yörede yetişen Antep fıstığına, ustalarının zengin tecrübe ve hünerine borçludur.

Baklava çeşitleri yöreye göre değişir. Fındığıyla ünlü Karadeniz'de fındıkla, İç Anadolu'da cevizle, Ege'de bademle, Trakya'da susamla pişirilir. İçindeki malzemeye veya biçime göre adlandırılır: fıstıklı baklava, cevizli baklava, incirli baklava, sade baklava, fıstıklı midye baklava,

Ob es seinen Ursprung nun bei den alten Griechen, den Byzantinern, Türken oder Arabern hat, gewann es seine heute bekannte Form doch im Topkapı-Palast. Baklava war zwar im ganzen Osmanischen Reich bekannt, aber im 15. Jahrhundert wurde es am Hof heimisch. Bei Einladungen, Banketten, offiziellen Empfängen und Zeremonien wurde im Sultanspalast der «Padischah unter den Süßspeisen» serviert.

Anlässlich der Beschneidungsfeiern ihrer Söhne veranstalteten die osmanischen Sultane Baklava-Feste für das Volk, und in der Mitte des Fastenmonats Ramadan überreichten sie das Gebäck im Rahmen eines militärischen Zeremoniells der Janitscharen-Elitetruppe. Für die Bevölkerung von Istanbul wurde diese «Baklava-Parade» zu einem prunkvollen Spektakel.

Baklava zu backen erfordert großes Können. Wer in osmanischer Zeit ein Meisterkoch werden wollte, musste eine Prüfung im Baklava-Backen absolvieren. Der Bewerber musste auf einem Blech 100 dünn ausgerollte Teigblätter übereinanderschichten. Bevor es in den Ofen kam, ließ man aus 50 bis 60 Zentimeter Höhe eine Münze darauf fallen. Wenn sie nicht alle Teigschichten durchschlug und es auf dem Blech nicht klack machte, war der Kandidat durchgefallen.

Im Lauf der Zeit trennte sich das Baklava-Backen vom Kochen und wurde ein eigenständiger Beruf. Heute ist Gaziantep berühmt für sein Baklava. Diesen Ruf verdankt es den in der Region angebauten Pistazien, aber auch der reichen Erfahrung und dem Geschick seiner Konditoren.

Baklava variiert von Region zu Region. Am Schwarzen Meer verwendet man die berühmten Haselnüsse, in Zentralanatolien Walnüsse, in der Ägäis Mandeln und in Thrakien Sesam. Das Gebäck wird nach seiner Füllung und Form benannt: Pistazien-, Walnuss- und Feigen-Baklava, Baklava ohne Füllung, Pistazien-Baklava in Muschelform, Baklava in

havuç dilim baklava, sarı burma, bülbül yuvası, vezir parmağı, şöbiyet gibi. Baklavanın kalitesi yufkaların inceliği, fıstık, fındık, ceviz ve bademinin bol, şerbetinin tam kıvamında olmasıyla ölçülür. Ağıza alındığında çıtır çıtır ses çıkarması gerekir.

Türkiye'de baklavasız bayram olmaz, ama hamur tatlılar sadece baklavadan ibaret değildir. Kadayıf, künefe, hanım göbeği, dilber dudağı, revani hamur tatlıların en çok sevilen türleridir. Kadayıf, ceviz, Antep fıstığı, şeker, limon suyu, taze tereyağı ve ince tel hamurdan hazırlanır. Bir kadayıf çeşidi olan künefe tuzsuz keçi peyniriyle yapılır. Künefe'nin vatanı Hatay'dır. Hatay ve Gaziantep 600'ün üzerinde yemek ve tatlı çeşidiyle Türkiye'nin gurme başkentleridir.

Sütlü tatlıların başını sütlaç çeker. Sütlaç, süt, şeker, pirinç unu ve haşlanmış pirinçten oluşur, üzerine tarçın konulur. Ramazan'ın en sevilen tatlısı ise güllaçtır. Güllaç, süt, nişastalı yufka, gül suyu, ceviz, fıstık, şeker ve nar taneleriyle hazırlanır. Hafif bir tatlıdır. Kazandibi, süt, pirinç unu, mısır nişastası, şeker ve tarçınla pişirilir. Altı hafif tutturularak, karamelize edilir. Tavukgöğsü, kazandibinin tavuk göğsü etiyle hazırlanan türüdür.

Tatlı yiyelim, tatlı konuşalım bir Türk atasözüdür.

Karottenform, gelbes gerolltes Baklava, Nachtigallennester, Wesir-Finger und Şöbiyet.* Seine Qualität bemisst sich danach, wie dünn der Teig ausgerollt und wie reich er mit Haselnüssen, Pistazien, Walnüssen oder Mandeln gefüllt ist. Der Sirup darf weder zu dick noch zu flüssig sein. Wenn man hineinbeißt, muss das Gebäck knusprig sein.

In der Türkei ist ein Fest ohne Baklava gar nicht vorstellbar, aber es ist nicht das einzige Gebäck. Zu den beliebtesten Arten zählen Kadayıf, Künefe, Frauennabel, Lippen der Schönen und Grieskuchen. Kadayıf wird aus feinen Nudelfäden und mit einer Füllung aus Walnüssen, Pistazien, Zucker, Zitronensaft und frischer Butter hergestellt. Eine Kadayıf-Variante ist das in Hatay beheimatete Künefe mit ungesalzenem Ziegenkäse. Hatay und Gaziantep sind mit ihren mehr als 600 verschiedenen Gerichten und Süßspeisen die Gourmethauptstädte der Türkei.

Unter den Milchdesserts steht Sütlaç an erster Stelle. Der Reispudding wird aus Milch, Zucker, Reismehl und gekochtem Reis zubereitet und mit Zimt bestreut. Das während des Ramadan beliebteste Dessert ist Güllaç aus Milch, mit Stärkemehl hergestellten Teigblättern, Rosenwasser, Walnüssen, Pistazien, Zucker und Granatapfelkernen. Es ist ein leichtes Dessert. Für Kazandibi wird Milch mit Reismehl, Maisstärke, Zucker und Zimt gekocht. Man lässt es am Topfboden leicht anbrennen und karamellisieren. Tavukgöğsü ist eine Art Kazandibi mit Hühnerbrust.

«Süß lass uns essen, süß lass uns reden» lautet ein türkisches Sprichwort.

* mit Sahne gefüllt

Dolma ve sarmalar

Türkçe'de içi oyulup doldurulan sebze ve meyvelere dolma, yaprakla sarılmasına ise sarma denir. Dolma dolmak, sarma sarmak fiilinden türemiştir. Etli ve zeytinyağlı olarak ikiye ayrılırlar.

Biber dolması, patlıcan dolması, kabak dolması, kabak çiçeği dolması, yaprak sarması, kara lahana sarması ... dolmalar ve sarmalar Türk ev yemeklerinin gözde lezzetleridir. Hazırlanması çok zaman, emek ve malzeme ister.

Dolma ve sarmaların ana iç malzemesi pirinç ya da bulgur ve kıymadır. Ayrıca mercimek, bakla, nohut ilave edilir. Badem, fıstık, kuşüzümü, kuru üzüm, taze ve kuru nane, soğan, karanfil, karabiber, tarçın, maydanoz ve dereotu ile lezzetlendirilir. Zeytinyağlılarda nar ekşisi, limon suyu ve reyhan, etlilerde sumak ve sumak suyu kullanılır. Zeytinyağlılar soğuk ve yanına sarmısaklı yoğurtla, etliler ise sıcak servis edilir.

Yazın en çok sevilen dolma çeşitlerinin başında biber, kabak, patlıcan, domates, kabak çiçeği dolmaları gelir. Üzüm yaprağı ve karalahana sarması ise kışın ev mutfağının en çok arzulanan yemeğidir. Yaz sebzeleri kurutularak, kış mevsiminde de kullanılır, kuru patlıcan dolması kışın aranan bir başka lezzettir. Kurutulmuş sebzeler ayrıca vitamin ve mineraller açısından önemli besin maddeleridir.

Biber dolması Türkler üzerinden Macaristan'a ve oradan Avrupa'ya yayılmıştır. Peru kökenli bir bitki olan domatesin Avrupa'da uzun süre

Gefülltes und Gewickeltes

Im Türkischen nennt man ausgehöhltes und gefülltes Gemüse und Obst *dolma*, gewickelte Gemüseblätter *sarma*. *Dolma* kommt von *dolmak*, füllen, *sarma* von *sarmak*, einpacken oder einrollen. Man unterscheidet fleischgefüllte und vegetarisch gefüllte, mit Olivenöl zubereitete Dolma und Sarma.

Gefüllte Paprika, Auberginen, Zucchini und Zucchiniblüten und Weinblätter, Krautwickel … gefülltes Gemüse und Gemüsewickel sind beliebte Köstlichkeiten der türkischen Hausküche. Ihre Zubereitung kostet Zeit und Mühe, und man braucht alle möglichen Zutaten.

Die Grundzutaten für die Füllung sind Reis oder Weizengrütze und Hackfleisch, auch Linsen, Saubohnen oder Kichererbsen kann man hinzugeben. Mandeln, Pistazien, Korinthen oder Rosinen, frische und getrocknete Minze, Zwiebeln, Gewürznelken, schwarzer Pfeffer, Zimt, Petersilie und Dill verfeinern die Füllung. Gemüse ohne Fleischfüllung würzt man mit Granatapfel-Balsamico, Zitronensaft und Basilikum und serviert es kalt und mit Knoblauchjoghurt. Fleischgefülltes Gemüse würzt man mit Sumach und Sumach-Essig und serviert es warm.

Die beliebtesten gefüllten Gemüse im Sommer sind Paprika, Zucchini, Auberginen, Tomaten und Zucchiniblüten. Gefüllte Weinblätter und Kohlrouladen dagegen sind hochgeschätzte winterliche Mahlzeiten der Hausküche. Sommergemüse wird getrocknet und im Winter gefüllt; besonders beliebt sind getrocknete und gefüllte Auberginen. Getrocknetes Gemüse ist zudem ein wichtiger Lieferant von Vitaminen und Mineralstoffen.

Gefüllte Paprikaschoten gelangten über die Türkei nach Ungarn und von dort nach Europa. Die aus Peru stammende Tomate wurde in Europa lange für giftig erachtet

zehirli olduğu sanılmış ve 18'inci yüzyıla kadar süs bitkisi olarak yetiştirilmiştir.

Kökeni Hindistan olan patlıcan Türk mutfağında domates ve kabaktan önce dolmalık olarak kullanılmıştır. Patlıcan idrar söktürücü bir özelliğe sahiptir. Ünlü hekim ve filozof İbni Sina, fazla tüketildiğinde patlıcanın hüzün ve korkuya yol açtığını düşünür.

Türkiye'de dolma ve sarmalar yöreye göre farklılıklar arz eder. Malatya'da kiraz, ayva, dut ve fasulye yapraklarıyla hazırlanan dolma ve sarma çeşitleri vardır. Üzüm yaprağı sarması için genç yapraklar toplanır. Küplerde salamura edilen yaprakların kışın sarması yapılır. Tokat'ın ince, çabuk pişen üzüm yaprağı lezzetiyle ünlüdür.

Akdeniz kökenli lahananın kan şekerini düşürmede ve bağırsak enfeksiyonlarına karşı olumlu etkileri vardır. Lahana sarmasında lahananın sadece ortasındaki yapraklar kullanılır. Yapraklar birkaç dakika kaynar suda haşlanır, hemen ardından soğuk suyla soğutulur.

Bazı yörelerde dolma ya da sarmaların arasına kemik döşenir. Kemik, dolma suyuna farklı bir lezzet katar. Ege'nin zeytinyağlı kabak çiçeği dolması ise mezelerin vazgeçilmezidir. Anadolu'da yabani olarak yetişen efelek ve pazı sarması köy mutfağının nefis yemekleri arasındadır.

Bir Akdeniz mutfağı olan dolma ve sarmalar Balkanlar, Kafkasya, Orta Asya ve Orta Doğu mutfağının da ayrılmaz bir parçasıdır. Farsça *dolme*, Ermenice *tolma*, Yunanca *dolmades*, Bulgarca *sarmi*, Makedonca, Romence ve Macarca *sarma* olarak tanınır.

und bis ins 18. Jahrhundert hinein nur als Zierpflanze angebaut.

Noch vor Tomaten und Zucchini verwendete man in der türkischen Küche die ursprünglich aus Indien stammende Aubergine zum Füllen. Sie besitzt harntreibende Wirkung. Der berühmte Arzt und Philosoph Ibn Sina glaubte jedoch, der übermäßige Verzehr von Auberginen befördere Schwermut und Angst.

In der Türkei variiert die Zubereitung des gefüllten und gewickelten Gemüses von Ort zu Ort. In Malatya werden Kirschen-, Quitten-, Maulbeer- und Bohnenblätter zum Füllen und Wickeln verwendet. Man nimmt nur die jungen Weinblätter, legt sie in Salzlake ein und verwahrt sie in Tonkrügen, um sie im Winter zu füllen. Als besonders schmackhaft gelten die kleinen, schnell weich werdenden Weinblätter aus Tokat.

Der aus dem Mittelmeerraum stammende Kohl hat blutdrucksenkende Wirkung und hilft gegen Darminfektionen. Für Krautwickel verwendet man nur die inneren Blätter des Kohlkopfs. Sie werden ein paar Minuten in Wasser gekocht und sofort unter kaltem Wasser abgeschreckt.

In manchen Gegenden legt man zwischen das gefüllte oder gewickelte Gemüse Knochen, um die Sauce schmackhafter zu machen. In der Ägäisregion sind gefüllte Zucchiniblüten eine Vorspeise, die man probieren muss. Die gefüllten und gewickelten Blätter des in Anatolien wild wachsenden Sauerampfers und Mangolds zählen zu den köstlichen Gerichten der Dorfküche.

Das gefüllte und gewickelte Gemüse der Mittelmeerküche ist auch auf dem Balkan, im Kaukasus, in Zentralasien und im Nahen Osten fester Bestandteil der Landesküche. Persisch heißt es *dolme*, armenisch *tolma*, griechisch *dolmades*, bulgarisch *sarmi*, makedonisch, rumänisch und ungarisch *sarma*.

Bugünki zeytinyağlı dolmalar Topkapı Saray mutfağında geliştirilmiştir. Sarayda et yerine fıstık, kuşüzümü ve zeytinyağıyla çeşnilendirilir. Aşçılara ek olarak dolmacılar çalışır.

Dolma sadece sebzeyle sınırlı değildir. Keklik, bıldırcın dolması gibi yabani kuş dolmaları yanında, midye dolma, kalamar, uskumru dolma çeşitleri de vardır.

Das heutige fleischlos gefüllte Gemüse hat seinen Ursprung in der Küche des Topkapı-Palastes. Am Hof verzichtete man auf das Hackfleisch und verfeinerte die Füllung aus Reis oder Weizengrütze mit Pistazien, Korinthen und Olivenöl. Neben den Köchen gab es Dolma-Köche, die auf gefülltes Gemüse spezialisiert waren.

Doch es wird nicht nur Gemüse gefüllt, sondern auch Wildvögel wie Rebhühner und Wachteln, Muscheln, Tintenfische und Makrelen.

Lokum gibi

Türkçede güzel, leziz, yumuşak, tatlı şeyler lokuma benzetilir. «Lokum gibi» denir. Üzerine pudra şekeri serpili küp şeklindeki bu tatlı dünyanın en eski şekerlemeleri arasındadır.

Turkish Delight (Türk Lezzeti) adıyla dünya çapında ün salmıştır. Türk kahvesinin en iyi dostudur. Şeker Bayramı, Kurban Bayramı, düğün gibi özel günlerde misafirlere lokum ikram edilir. Ziyaretlerde hediye olarak bir kutu lokum götürmek gelenektendir.

Lokumun sözcük kökeni lokmadır. Lokum Türkiye'de yüzlerce yıllık bir geçmişe sahip. Anadolu'da 15'inci yüzyıldan beri «rahat lokum» adıyla bilinir. Osmanlı Sarayı'nda «rahat'ül hulkum» olarak adlandırılmıştır. Boğazı rahatlatan anlamına gelir. Günümüz Türkçesinde ise kısaca lokum denir.

Bugün bildiğimiz lokum Osmanlı Sarayı'ndan kalmadır. Sultan I. Abdülhamid (1725–1789) ülkedeki şekerleme ustaları arasında bir yarışma açar. Sert şekerler yerine yumuşak bir şekerleme yaratmalarını ister. Yarışmayı Kastamonulu şekerleme ustası Ali Muhittin Hacı Bekir kazanır.

Lokumda önceleri şeker yerine bal veya pekmez kullanılıyordu. Avrupa'da rafine şeker üretimi başlayınca, Hacı Bekir lokumu ilk kez bal yerine rafine şeker, un yerine ise mısır nişastasıyla geliştirdi.

Saraya baş şekerci olan Hacı Bekir 1777 yılında İstanbul'da kendi adıyla ilk şekerci dükkanını açtı. Mısır Çarşısı ve Galata Köprüsü'ne yakın

Wie Lokum

Dinge, die schön, wohlschmeckend, weich oder süß sind, vergleicht man im Türkischen mit Lokum. «Wie Lokum», sagt man. Die mit Puderzucker bestreuten Würfel zählen zu den ältesten Süßigkeiten der Welt.

Als Turkish Delight sind sie international bekannt geworden. Sie sind der beste Freund des türkischen Kaffees. An islamischen Feiertagen wie dem Zucker- oder dem Opferfest und bei privaten Festen wie Hochzeiten bietet man den Gästen Lokum an. Und wenn man jemanden besucht, bringt man traditionell eine Schachtel Lokum mit.

Das Wort *lokum* kommt von *lokma,* Bissen oder Happen. Die Geschichte des türkischen Lokum ist jahrhundertealt. In Anatolien kennt man es schon seit dem 15. Jahrhundert unter dem Namen *rahat lokum,* «wohltuender Bissen». Am osmanischen Hof nannte man es *rahat'ül hulkum,* «beruhigend für den Hals». Heute sagt man im Türkischen kurz Lokum.

Das Lokum, wie wir es heute kennen, stammt vom osmanischen Hof. Sultan Abdülhamid I. (1725–1789) veranstaltete unter den Zuckerbäckern des Landes einen Wettbewerb. Anstelle von harten Bonbons sollten sie ein weiches Konfekt kreieren. Den Wettbewerb gewann der Zuckerbäcker Ali Muhittin Hacı Bekir aus Kastamonu.

Früher wurde statt Zucker Honig oder eingekochter Traubensaft verwendet. Als dann in Europa die Produktion von raffiniertem Zucker begann, verwendete Hacı Bekir für sein Lokum anstelle von Honig erstmals raffinierten Zucker und anstelle von Mehl Maisstärke.

Hacı Bekir wurde Chefkonditor am osmanischen Hof und eröffnete 1777 unter seinem eigenen Namen in Istanbul seine erste Confiserie. Der Laden im Viertel Bahçekapı, unweit des

Bahçekapı semtindeki şekerci dükkanı bugün de aynı yerde, aynı isimle çalışıyor.

Lokum Türkiye sınırları dışında tanınmasını ise bir İngiliz gezgine borçlu. İngiliz seyyah 18'inci yüzyılda İstanbul'da Hacı Bekir'den aldığı bir kutu lokumu, Londra'da Turkish Delight adıyla tanıtır. Almancaya Türkischer Honig olarak çevrilir.

Yazar Charles Dickens, *Edwin Drood'un Gizemi* adlı son romanında lokumu tanımayan birisiyle alay eder. Ağızda eriyip giden lokum için Napoleon'un en sevdiği tatlı olduğu söylenir. Winston Churchill de bir lokum dostudur.

Narnia Günlükleri'nin film serisi 2005'te lokum satışlarını tüm dünyada patlattı. Filmde Tilda Swinton Beyaz Cadı rolünde Edmund Pevensie'yi Türk lokumuyla kandırıyor ve Edmund lokuma doyamıyor.

Şeker, su ve nişastadan oluşan lokumun çok çeşitleri vardır. İçine fındık, fıstık, ceviz, badem gibi kuru yemiş katılır. Gül suyu, portakal çiçeği suyu, portakal, limon, incir, kaysı gibi kuru meyve ilave edilir. Çok çeşitli olması nedeniyle herkesin damak tadına hitap eder. Kimi gül suyu lokumu sever, kimi portakallı, zencefilli ya da naneli türünü.

Bugün en yaygın lokum çeşitleri şunlardır: kuş lokumu, çifte kavrulmuş lokum, cevizli lokum, fındıklı lokum, Antep fıstıklı lokum, güllü lokum, narlı lokum, portakallı lokum, Hindistan cevizli lokum, çikolatalı lokum, kaymaklı lokum …

Ägyptischen Basars und der Galatabrücke, existiert am selben Ort und unter demselben Namen bis heute.

Dass Lokum über die Türkei hinaus bekannt wurde, verdankt es jedoch einem englischen Reisenden, der im 18. Jahrhundert bei Hacı Bekir in Istanbul eine Schachtel Lokum kaufte und das Konfekt in London als Turkish Delight vorstellte. Im Deutschen wurde es mit Türkischer Honig übersetzt.

Der Schriftsteller Charles Dickens macht sich in seinem letzten Roman *Das Geheimnis des Edwin Drood* über jemanden lustig, der Lokum nicht kennt. Die auf der Zunge zergehende Süßigkeit soll Napoleons Lieblingskonfekt gewesen sein. Auch Winston Churchill war ein Lokum-Liebhaber.

Nach dem Start der Filmreihe *Die Chroniken von Narnia* im Jahr 2005 stieg der Verkauf von Lokum weltweit sprunghaft an. Die Weiße Hexe, im Film gespielt von Tilda Swinton, zaubert für Edmund Pevensie türkisches Lokum herbei, von dem er gar nicht genug kriegen kann.

Lokum besteht aus Zucker, Wasser und Stärkemehl und wird in vielen Variationen angeboten. Man kann Haselnüsse, Pistazien, Walnüsse oder Mandeln hinzugeben, Rosen- und Orangenblütenwasser, getrocknete Orangen, Zitronen, Feigen, Aprikosen und andere Trockenfrüchte. Es gibt so viele Arten, dass für jeden Gaumen etwas dabei ist. Die einen bevorzugen Lokum mit Rosenwasser, die anderen mit Orangen-, Ingwer- oder Pfefferminzgeschmack.

Die heute gängigsten Lokum-Sorten sind: Vogel-Lokum (besonders kleine Geleewürfel ohne Nüsse); Lokum mit doppelt gerösteten Nüssen; Walnuss-, Haselnuss- und Pistazien-Lokum; Lokum mit Rosenwasser, mit Granatapfelsaft oder Orangensaft; Kokos-Lokum, Lokum mit Schokolade, Lokum mit Sahne …